꿈이 너무 어려운 십 대들이 묻다!

꿈, 지금꼭 정해야 하나요?

꿈, 지금 꼭 정해야 하나요?

초판 1쇄 발행 2014년 11월 10일
초판 8쇄 발행 2022년 9월 2일

지은이 김국태, 김기용, 김진숙, 이수석, 이승배, 이정숙, 임병구
펴낸이 이지은 **펴낸곳** 팜파스
기획편집 박선희
디자인 조성미 **마케팅** 김서희, 김민경

출판등록 2002년 12월 30일 제 10-2536호
주소 서울특별시 마포구 어울마당로5길 18 팜파스빌딩 2층
대표전화 02-335-3681 **팩스** 02-335-3743
홈페이지 www.pampasbook.com | blog.naver.com/pampasbook
이메일 pampas@pampasbook.com

값 12,000원
ISBN 978-89-98537-69-2 (43370)

이 도서의 국립중앙도서관 출판시도서목록(CIP)은 서지정보유통지원시스템 홈페이지
(http://seoji.nl.go.kr)와 국가자료공동목록시스템(http://www.nl.go.kr/kolisnet)에서
이용하실 수 있습니다.(CIP제어번호: CIP2014030055)

꿈과 진로에 대해
몰아붙여지는 십 대를 위한 마음다독임

— 김국태, 김기용, 김진숙, 이수석, 이승배, 이정숙, 임병구 지음 —

꿈이 너무 어려운 십 대들이 묻다!

꿈 지금 꼭
꿈, 정해야 하나요?

팜파스

꿈이 어려운 아이들을 향한 정겨운 멘토링

이 청 연
(행복 교육을 꿈꾸는 인천광역시 교육감)

많은 청소년들이 꿈 때문에 힘들어합니다. 꿈을 찾지 못해 답답하고, 꿈을 이루지 못해 아프고, 꿈에 짓눌려 무겁습니다. 늘 무엇인가 이루어야 하는 강박과 누군가를 이겨야 하는 경쟁으로 숨막혀 합니다. 십 대들이 행복하지 않습니다.

어려서부터 학업에 짓눌리며 살아온 청소년들은 꿈에 대해 고민할 시간이 별로 없습니다. 자신이 무엇을 잘하는지, 무엇을 좋아하는지 고민해볼 시간도, 경험해볼 시간도 없습니다. 자신이 앞으로 어떻게 살아야 할지 생각해볼 겨를도 없습니다. 부모님이 원하는 직업이나 텔레비전에 나오는 근사한 직업을 가진 사람들을 보며, 그저 돈을 잘 벌고 잘 나가는 직업을 갖고, 폼 나게 사는 것이 최고라고 생각하며 지냈을지도 모릅니다. 그리고 그런 직업을 갖기 위해 학업에 매달려 왔는지도 모릅니다. 사람들이 선망하는 직업을 갖기 위해서는 우선 공부를 잘해야 한다고 들었을 테니까요. 그렇게 달려오다가, 성적이 좋지 않아 그 직업을 갖기 힘들다는 걸 알고는 꿈을 수정하기도 합니다. 때로는 원하는 꿈을 포기하고 난 후, 아무것도 하고 싶은 일이 없어서 대충 성적에 맞춰 대학에 가겠다는 생각으로 지내고 있을지도 모릅니다.

이렇게 꿈에 지친 아이들에게 '꿈과 진로'에 대해 조곤조곤 얘기해주는 선생님들의 목소리가 있습니다. 무엇을 어떻게 해야 할지 모르고, 어디를 향해야 할지 모르는 아이들의 손을 잡아주고 어깨를 두드려주는 따뜻한 손길이 있습니다.

이 책은 힘들어하는 청소년들에게 따뜻하고 정감어린 멘토링을 통해 함께 꿈을 찾고 나누고자 하는 책입니다. 부디 이 책이 청소년들에게 위안이 되고 용기를 줄 수 있기를 바라는 마음이 간절합니다.

되도록 이 책을 부모님과 함께 읽었으면 좋겠습니다. 그런 다음에 여러분의 꿈에 대해 이야기를 나눌 수 있는 시간을 가지기를 바랍니다. 부모님들이 진로 때문에 고민이 많은 청소년들의 마음을 어루만지고 포근하게 안아줄 수 있는, 위로의 시간이 된다면 더욱 좋겠습니다.

아이들이 행복해지는 참교육을 꿈꾸면서, 꿈을 꾸는 아이들의 눈빛이 별빛처럼 아름다워질 수 있기를 바라면서, 아이들을 향한 선생님들의 '응원 메시지'에 '응원의 박수'를 힘차게 보냅니다.

꿈을 생각할 때
든든한 친구가 있어 준다면

이배영
(성산효대학원대학교 교수, EBS 달라졌어요 부모코칭전문가)

영국 수필가인 시드니 스미스는 "독서할 때 당신은 항상 가장 좋은 친구와 함께 있다"는 명언을 남겼지요. 그만큼 책은 우리의 삶에 따뜻한 응원과 통찰력 있는 조언을 주는 존재입니다. 우리가 고민에 휩싸일수록 책은 더 없이 든든한 친구가 되어 주지요. 그래서인지 영국은 0~1세 영아들에게 책을 나눠주는 북스타트 운동으로 갓난아이 때부터 책을 읽는 습관을 길러주고 있습니다. 어린 시절부터 좋은 책을 만날 수 있다는 것은 일생 최대의 행복입니다. 한 권의 책은 우리의 삶을 바꾸어 놓을 최고의 선물이 되기도 합니다. 그리고 저는 이 책이 진로에 대해 고민하는 학생들과 부모에게 그러한 선물이 되리라고 생각합니다.

일곱 선생님의 애정 어린 공감과 조언이 담긴 글 속에서 여러분은 꿈에 대해, 그리고 진로에 대해 미처 생각해보지 못한 질문들을 떠올려볼 수 있을 것입니다. 그리고 그 질문과 생각 속에서 실제적이고 유용한 방향을 얻게 되지요. 책에 실린 학생들의 진심 어린 고민 속에 길과 답이 함께 숨어 있는지도 모르겠습니다. 어쩌면 여러분에게 정말 필요한 것은 꿈에 대한 해답이 아니라, 꿈을 향한 용기이지 않을까 생각합니다. 이 책의 가장 큰 역할은 아마 지지가 절실한 여러분에게 든든한 친구가 되어주고 격려를 주는 것이 아닐까요.

2016년부터 중학교 자유학기제가 도입된다고 합니다. 그렇게 되면 다양한 체험의 기회가 늘어난 만큼 '나만의 진로 스토리'를 만들어내야만 한다는 측면도 강해지지요. 이 소식에 학교와 학생들은 혼란스러운 기색도 있습니다. 진로에 대한 사회 제반서비스나 여건이 조성이 되지 않은 상태라 걱정스러운 부분도 물론 많습니다. 하지만 이전보다 진로에 대한 생각과 탐색 기회가 많아지는 것만큼은 분명해 보입니다. 그렇기에 이제 여러분에게 있어 꿈과 진로는 어떤 교육과정의 한 축이 아니라, 가능성 많은 삶에 대한 흥미와 도전이었으면 합니다.

형식적인 진로 교육에서 벗어나 미래 삶에 대해 진지하게 고민하고, 때로는 부딪쳐 보는 시간을 갖게 되길 바랍니다. 앞으로 펼쳐질 이야기에서 충분히 느낄 테지만, 고민과 부딪침은 그 자체로도 매우 의미 있는 경험입니다. 혹 당장의 일과 여건 때문에 주저하고 있다면 일곱 선생님들의 글이 여러분에게 용기를 불어넣어 줄 수 있을 것입니다. 진로가 한 가지 직업을 선택하는 행위가 아니라 여러분의 삶 속에서 행복을 추구하게 만드는 동력이 될 수 있음을 여러분 스스로가 느낀다면, 진로는 더 이상 고민이 아니라 도전의 영역이 될 테니까요. 여러분이 그 도전을 즐기게 되기를 바랍니다.

꿈. 꿈. 꿈.
우린, 꼭 '성공'하는 꿈만 꿔야 하나요?

학년이 올라갈수록 여러분은 꿈과 진로에 대한 질문들을 자주 하게 되겠죠? 그리고 주변의 선생님들과 부모님도 여러분에게 자주 물어보겠죠.

"넌 나중에 어떤 일을 할 거니?
넌 무슨 학교, 무슨 학과에 갈 거니?"

힘겨운 학업 스트레스를 견디며 책상 앞에서 공부만 하고, 친구들과 어울리는 시간도 부족한데, 그런 여러분에게 이런 말을 하면 듣는 순간 잠시 멍해지지 않나요? '진로와 꿈'에 대해서 당장이라도 어떤 대답을 해야만 할 것 같은데 선뜻 답이 나오지 않죠. 마음 속 깊은 곳에 막연하게 떠오르는 무언가가 있기는 하지만 막상 그 것을 대답하기는 쉽지 않죠.

그 어떤 때보다 자신의 꿈과 미래에 대하여 깊게 생각해봐야 할 여러분이지만 안타깝게도 현실은 그럴 겨를이 도통 없게 되어가 고 있어요. 자신이 어떤 사람이며 무엇을 원하는지 곰곰이 사유하 고 각성할 시간이 좀처럼 생기질 않지요. 학교에서도 그런 기회가 별로 없어요. 그렇다 보니 사실 서른이 넘어서도 자신이 어떤 사람 인지 모르는 사람이 대부분이죠. 그저 꿈과 진로도 공부처럼 여기 고, 현실적으로 가능하고, 미래가 보장된 꿈만 꾸어야 할 것만 같 지요. 그렇지 않으면 마치 실패한 인생처럼 느껴지기도 하구요.

이런 분위기 속에서 어쩌면 우리 친구들은 꿈과 진로에 대해 몰 아붙임을 당하고 있는 건 아닐까요. 그래서 선생님들은 이 현실에 서 갈팡질팡하는 여러분에게 꿈과 진로에 대해 좀 더 자유롭고 넓 은 이야기를 들려줄 필요가 있다고 생각했어요. 무엇보다도 여러 분의 고민을 들어주고, 지금 당장 꿈에 대해 너무 급하게 생각하 지 않아도 된다고 이야기해주고 싶었어요. 이 책은 한마디로 꿈과 진로에 대해 압박감과 스트레스를 받고, 조바심에 빠지며, 심지어 자신감마저 잃게 되는 여러분에게 애정 어린 다독임을 담고자 만들어졌어요. 여러 선생님들은 교실 속에서 여러분의 다양한 꿈 고민을 접하며 우선, 여러분에게 공감 어린 응원의 메시지가 전달되었으면 하고 바랐습니다.

하지만 여러분의 고민을 다독거리는 데에서 멈추지는 않아요. 오히려 그 고민과 정면 승부하기를 권해요. 여러분이 고민의 근원을 들여다보고 새로운 대안을 경험할 수 있기를 바라기 때문이지요. 이 경험을 통해, 여러분은 꿈에 대해 더 폭넓은 상상으로, 행복한 진로와 꿈을 잡을 수 있을 거예요.

여러분이 진로에 대해 생각할 때 가장 먼저, 앞으로의 직업을 선택하는 것이 아니라 자신이 어떻게 살고 싶은지 대충이라도 알 수 있는 기회로 보았으면 해요. 또한 진로와 꿈에 있어 가장 중요한 것은, 바로 '당신=여러분 자신'이에요. 진로와 꿈에 대한 답은 '나 자신'이라는 점을 잊지 말았으면 해요. 이 책을 함께 쓰신 인천교육연구소 선생님들은 이런 두 가지 원칙 안에서 여러분의 고민을 함께 하고자 했어요. 마지막으로 이 말을 전하고 싶어요.

"어느 순간에도 여러분 자신의 판단을 믿어요. 그저 저희들의 말은 참고만 해요."

이 책을 통해 여러 친구를 만나게 해주신 팜파스 출판사의 박선희 에디터님과 십 대 가까이에서 진로와 꿈에 대하여 함께 마음을 앓고 있는 많은 분들께 감사드립니다.

2014년
인천교육연구소장 김국태

차례

Part one

꿈을 지금 꼭 정해야만 하나요?
— 꿈에 대해 생각해볼 겨를 없는 청소년들을 위한 이야기

꿈을 지금 꼭
정해야만 하나요?

꿈에 대해 생각해볼 겨를 없는
청소년들을 위한 이야기

꿈을 찾을 시간,
사실 없잖아요.

어쩌면 이 세상에서 가장 어려운 일 중 하나가 바로 꿈을 찾는 것이 아닐까 싶어요. 꿈은 자신에 대한 공부를 많이 해야 선명히 보이고, 일생을 통해 변화시켜 나가는 것이니까요. 그런데 우리의 하루는 너무도 많은 일정으로 빼곡하게 차 있기만 합니다. 아침에 눈 뜨고 밤에 잠자리에 들기까지 우리는 자기 자신에 대해 생각해 볼 겨를이 사실상 거의 없지요. 그래서 꿈에 대해 이야기할 때 막연히 내 적성이나 특기를 살려본다든가, 하고 싶은 일에만 초점을 맞춰 생각해보게 된답니다. 하지만 그 적성과 특기가 무엇인지 사실 감이 안 올 때가 더 많지요. 어쩌면 정말 적성이나 특기가 없을 수도 있구요. 그럴 경우 꿈을 어떻게 찾지요? 아, 정말 꿈을 찾는 건 어려운 것 같아요.

미경이는 공부도 곧잘 하고 친구들하고도 잘 지내는 평범한 학생입니다. 그런데 어느 날 선생님을 찾아와 하소연을 하더군요.

"선생님, 하고 싶은 일이 뭔지도 모르는데 어떻게 꿈을 꾸고 또 계획을 세우나요?"

맞아요. 실은 선생님도 하고 싶은 일이 뭔지 잘 모를 때가 있었어요. 아니, 대부분의 사람들이 잘 모르고 살아요. 청소년기에는 더욱 막연하지요. 흔히 자기가 좋아하는 것에서 꿈을 찾으라고 하는데, 그게 뭔지 아는 사람도 그리 많지 않습니다. 미경이도 이런 말을 하더군요.

"저는 친구들하고 노는 게 좋은데요. 그게 꿈이 될 수는 없잖아요."

이렇게 답답한 마음을 털어놓는 미경이의 표정은 조금 불만스러워 보였습니다. 공부와 성적만 누누이 강조하다 진로를 결정할 시기에 갑자기 '꿈이 뭐냐'는 질문을 받는 것이 영 못마땅한 듯했어요. 미경이의 눈은 '꿈에 대해 고민할 시간적 여유도 없었는데 어떻게 꿈을 말하죠?'라고 말하는 듯했어요. 그래도 진로는 정해야겠기에 짧은 시간 동안 여러 가지 고민을 해봤다고 해요.

작년에는 만화를 그리는 게 참 좋아서 만화가가 될까 했는데 올해는 영 시큰둥해졌답니다. 가수를 생각해보다가 요즘은 선생님이 될까 싶기도 하대요. 그런데 여러 직업군 속에 내 꿈을 찾으려 해도 뭔가 딱히 와닿는 것이 없다고 하더군요. 그래요. 꿈은 한 번 정하면 그만인 것이 아니라, 시시때때로 변하기 때문에 내 마음도 잘 모를 때가 많지요. 급박하게 여러 직업과 꿈을 고민한 미경이의 얼굴에는 슬슬

청소년기는 결정을 하는 때가 아니랍니다.

여러 가지 가능성을
품어 보는 때이지요.

불안감도 자리했습니다. 어쩌면 내 꿈을 찾지 못하는 아닐까 하는 불안이 생긴 것이지요.

미경이와 같은 친구들이 우리 주변에는 아주 많이 있습니다. 꿈에 대해 생각할 겨를 없이 바쁘게 학교생활과 공부를 하다가 갑자기 '꿈' 질문을 받고 그제야 부랴부랴 꿈을 고민하지요. 급하게 찾은 꿈은 내 마음을 움직이지 않습니다. 불안과 초조함이 생기고 마음이 더 복잡해지지요.

그러나 꿈이 잘 보이지 않고, 아직 정하지 못했다 해도 초조해하지 않아도 됩니다. 지금 정한 꿈이 내 인생을 확고하게 결정짓는 것은 아닙니다. 아니, 청소년기는 결정을 하는 때가 아니랍니다. 여러 가지 가능성을 품어 보는 때이지요. 물론 지금은 미래를 준비하는 시기이지요. 그렇다고 결정되지 않은 미래 때문에 지금을 담보로 살 수도 없는 노릇이지요. 더구나 우리의 삶은 그렇게 준비한 대로 흐르는 것도 아니고요. 그래서 꿈을 지금 결정하는 것보다 더 중요한 건 지금부터라도 해보려는 노력입니다. 뭘 해보냐구요? 바로 꿈을 찾는 것이지요.

미경이처럼 꿈을 찾지 못한 채, 자기가 뭘 잘하는지도 모르고 공부도 바닥을 헤매면서 청소년기를 보낸 사람을 소개해볼까요? 이 사람은 아무 꿈이 없는 청소년기를 보내고 정원 미달로 겨우 대

학을 갔답니다. 박서원이라는 친구에요. 들어봤나요? 언젠가 TV
에 나왔던 광고 천재, 《생각하는 미친 놈》의 저자, 박서원이요. 그
의 이야기를 들어볼까요?

박서원 씨는 공부를 너무나 못해서 대학도 겨우 가고 그마저 학
사경고 세 번으로 자퇴를 하고 외국으로 도피유학을 갔어요. 그런
데 외국에 가서도 두 번이나 경고를 받아 퇴학 직전에 이르렀지요.
그는 '왜 나는 이렇게 공부를 못할까' 고민하며 재미없게 시간만 보
냈습니다. 뭔가 흥미가 생기는 걸 찾으려 전공도 계속 바꾸었지
요. 경영학, 사회학, 범죄심리학, 기계공학, 화학, 산업디자인 등.
자신이 재미를 느끼는 분야가 뭔지 알고자 끊임없이 전공을 바꾸
었지요. 그러다가 스물일곱이 되어서야 마침내 산업디자인에 흥
미를 느껴 다시 대학에 들어가 공부합니다. 다른 친구들은 벌써 저
만치 앞에 있는 걸 따라가고자 하루에 한 시간씩 자면서 공부했대
요. 결국 그는 4년간 전부 만점을 받았습니다. 그 후 그는 광고에
전념하여 세계 광고에서 그랑프리를 석권했습니다. 그는 지금도
계속해서 꿈꾸기를 멈추지 않는다고 해요. 광고를 하면서도 다른
꿈을 꾼다고 합니다. 부조리한 문제를 해결해서 사회에 빛이 되는
사람이 되기 위해 자신의 꿈을 확장시키고 있지요.

박서원 씨의 경우가 아주 특별한 경우라고 생각되나요? 그가 특

별한 건 어쩌면 바로 자신의 꿈을 끊임없이 찾으려 노력했다는 데에 있을지도 모르지요. 미경이와 친구들은 박서원 씨보다는 아주 일찍부터 꿈에 대해 고민하고 있으니 더 가능성이 많다고 볼 수도 있겠지요? 그리고 지금 정한 꿈이 그대로 고정되는 것도 아닙니다. 흔히 꿈은 명사가 아니라 동사라고 합니다. 고정된 것이 아니라 움직이는 과정을 통해 만들어진다는 이야기지요. 막연히 '나 이거 하고 싶어. 이거 되고 싶어. 나 이거 좋아해' 같이 생각만 한다고 되는 것도 아닙니다. 끊임없이 좋아하는 걸 찾아서 시도해보고, 실패도 해보면서 경험하는 것이 매우 중요합니다. 지금 당장 자신의 꿈을 정하기보다는 여러 시도를 찾아서 직접 해봐야 한다는 것이지요.

하지만 미경이처럼, 청소년 친구들에겐 지금 '공부'가 거의 모든 것이고 생활의 가장 큰 비중을 차지하고 있지요. 꿈에 대해 시도해볼 여유가 없기도 해요. 학교 공부만 충실히 따라가기도 바쁜 마당에 수행평가니 봉사활동이니 점수 관리도 해야 하고요. 학원, 과외 프로그램을 소화하려면 가히 살인적인 스케줄로 하루를 보내야 합니다. 거기에 꿈에 대한 시도까지, 어쩌면 어불성설(語不成說)일 수도 있지요. 그렇다면 꿈에 대한 노력을 아예 접어야 할까요?

시간이 없다고 며칠을 굶을 수는 없습니다. 할 일이 많다고 계속 잠을 안 잘 수도 없지요. 꿈은 밥이나 휴식처럼 나의 삶을 지탱해줄 것입니다. 그런데 쉽게 버리거나 포기해서는 안 되겠지요. 그 꿈을 위해 지금 일말의 시간을 내어 보면 어떨까요? 아주 작은 것들에서부터 '시작'해보아야 합니다. 당장 뭔가를 해볼 수 없다면 책을 통해 간접 경험을 해봐도 좋습니다. 중요한 건 고민만 하기보다는 되든 안 되든 일단 해보는 거예요. 내 주변에서 쉽게 접할 수 있는 것부터 시작해봐도 좋습니다.

여러분은 지금 확실한 꿈을 정하지 않아도 좋습니다. 혹은 꿈이 너무 많아도 상관없습니다. 진정한 내 꿈을 위해 천천히 내가 하고 싶은 것, 내가 아는 것, 내가 좋아하는 것, 내가 잘하는 것을 이것저것 찾는 시도를 해보는 것을 멈추지 마십시오. 아무것도 시도할 게 없다면 내가 늘 하는 것 중 몇 가지를 적어보세요. 일부러 생각하지 말고 우연히, 갑자기, 그때그때 생각날 때마다 적어보세요. 그것들을 하나씩 해나가면서 천천히 나를 찾아가보세요. 어느 순간 나도 모르게 몰두하고 있는 자신을 발견하게 될 겁니다. 그리고 그것들이 엮여져 꿈으로 형태를 갖춰 나갈지도 모릅니다.

이정숙 생

02

갈팡질팡,

내 마음이 자꾸 변해요.

그냥 골치 아픈 꿈 생각을 안 하고

즐기면서 살래요.

앞으로 인간 수명이 평균 백 년을 넘길 거라고 합니다. 백 살의 우리 인생을 하루의 시간으로 대입해보면, 청소년기는 새벽 두세 시도 채 안 된 시간이에요. 이렇게 이른 새벽시간에 벌써 삶을 지배할 꿈을 결정하라는 건 너무 잔인한 일 같기도 합니다. 물론 일찍 자신의 꿈을 찾아 진로를 결정한 친구들을 보면 부럽기는 해요. 선생님이 가르친 학생들을 보면 꿈을 일찍 찾은 친구도 있고, 못 찾은 친구도 있어요. 꿈이 변한 친구도 있고요. 얼마 전에 만난 친구들을 소개해볼까요?

정재는 과학자가 꿈이라 수업 시간 외에도 실험실에 들러서 이것저것 실험해보고 책도 꾸준히 보더니 정말 자신이 원하는 대학에 갔지요. 정재가 앞으로 어떻게 자신의 꿈을 펼칠지는 모르겠지만, 당장 과학자가 될 것 같지는 않더군요. 대기업 취직 준비를 하고 있으니까요. 함께 과학자의 꿈을 꾸던 형민이는 교육대학 음악과에 재학 중입니다. 음악이 갑자기 좋아졌다고 하면서 말이지요.

이렇게 보면 너무 일찍부터 자신에게 '이게 내 꿈이야' 하고 한
정하는 것은 그리 바람직하지 않은 것 같기도 합니다. 우리에겐 참
으로 많은 가능성이 있으니까요. 어떤 꿈을 향하다가도 상황에 따
라, 또 친구에 따라, 내 마음에 따라 방향이 달라지기 쉽기 때문이
지요. 그래서 섣불리 '결정'하기보다는 이것저것 열어놓고 풀어가
는 자세가 필요합니다. 더구나 우리의 삶이란 수많은 변수가 작용
하기 마련이지요. 내 앞에 놓인 다양한 가능성과 변수들을 유연하
게 받아들여야만 합니다. 그러기 위해서는 건강한 내 마음 상태를
유지하는 것이 매우 중요하지요.

갈팡질팡한 상태가 견디기 힘들어 그냥 꿈 생각을 아예 하고 싶
지 않은 그 마음. 충분히 알 것 같아요. 현재를 즐기며 지내는 것
은 사실 나쁜 게 아니랍니다. 다만 꿈에 대해, 그리고 나에 대해 생
각하는 시간은 꼭 가졌으면 해요. 그것은 진로를 결정하기 위해서
도, 꿈을 결정하기 위해서도 아니랍니다. 나를 좀 더 살펴보고 내
삶을 관망해보는 것은 그 자체만으로도 중요합니다. 어쩌면 꿈보
다 더 중요한 것이 나를 살피는 일이지요. 꿈을 빨리 찾지 않아도
괜찮아요. 다만 그 꿈이 생각났을 때 더 쉽게 이루기 위해 지금 할
일들을 해야 합니다.

지금 할 일이 뭐냐고요? 우선 내 마음이 어떤지 돌보는 일을 해

야 하지요. 어떻게 돌보냐고요? 글쎄요. 혹시 식물을 키워 본 적이 있나요? 선생님은 아주 키우기 쉽다는 '마리나타'라는 식물을 분양받아 키운 적이 있어요. 일주일에 한 번만 물을 주면 끝이라고 해서 일주일에 한 번 물을 주고는 '끝!' 했지요. 그랬더니 언젠가부터 식물 잎이 하나둘 떨어지더니 비실비실 죽어가더군요.

"뭐야, 일주일에 한 번 물만 주면 된다더니 왜 죽는 거야?"

선생님은 짜증을 내며 다시는 식물을 키우지 않겠다고 다짐했습니다. 그런데 같이 분양을 받아온 친구네 집에 가니 마리나타가 무럭무럭 잘 자라고 있는 게 아니겠어요? 똑같이 일주일에 한 번 물을 주었다고 하니 참 어이가 없었지요. 그런데 친구는 저와 다른 점이 있었습니다. 화분을 볕이 드는 곳에 두었다가 통풍이 안 될까 봐 거실로 옮기기도 하고, 습기가 많은 날과 적은 날은 잎과 흙의 상태를 잘 관찰해서 달리 물을 주었다고 하더군요. 선생님은 친구의 말을 듣고 크게 반성했지요. 식물을 키우는 일이 '그저 물을 주고 끝내는 게 아니라 식물이 어떤지 잘 관찰하고 돌봐야 하는 것이구나!' 하고요.

> 성공을 겨냥하지 말라. 성공을 겨냥하고 목표로 삼을수록 더욱 놓치게 될 것이다. 행복과 마찬가지로 성공은 추구의 대상이 될 수 없기 때문이다. 성공은 결과로 발생해야 한다. 자신보다 더 큰 행로에 전념함으로써 얻어지는 뜻하지 않은 부작용으로서 말이다.
> - 빅터 프랭클

우리 마음도 그런 것 같아요. 그저 시간이 흐르는 대로 아무 생각 없이 두었다가는 '나는 어떤 사람이지? 지금 뭐하고 있지?' 하는 혼란에 빠지기 쉽지요. 그러다 보면 내 마음이 뭘 원하는지, 어떤 걸 좋아하는지 알기 힘들 뿐 아니라, 마음을 키우는 일도 점점 어려워지지요. 내 삶에서 제일 중요한 게 무엇인지 선택하기도 두려워지고요. 점점 어떤 일을 해도 왠지 불안을 느끼고 급기야는 남의 말에 쉽게 흔들려 나와 맞지 않는 엉뚱한 곳을 향하기도 합니다. 매스컴에서 화려한 연예인을 보면 연예인이 되려는 꿈을 꾸고, 좋아하는 선생님을 만나면 교사가 되는 꿈을 꾸면서 자신이 진정 원하는 건 모르는 채 흔들리지요.

이렇게 흔들리지 않기 위해 우리는 '나에 대한 생각'을 꼭 해야 하는 것이랍니다. 지금 내 마음을 잘 들여다보는 것이지요. 내 마음을 관찰하면서 평소에 내가 제일 소중하게 생각하는 건 무엇인지, 내가 하고 싶은 것은 무엇인지에 대해 생각해보세요. 그러면서 그것에 대한 가치를 하나씩 부여해 나갑니다. 하고 싶은 일이 한 가지인 경우는 거의 없어요. 그러니 우선순위를 생각해보면서 카드에 한 가지씩 적은 다음에는 덜 중요한 것부터 지워 가보는 거예요. 그러다 보면 제일 끝까지 남아 있는 가치나 내가 진짜 원하는 것, 내가 진짜 소중하게 여기는 사람, 내가 이루고 싶은 일 등이

흔들리지 않기 위해
우리는 '나에 대한 생각'을 꼭 해야 하는 것이랍니다.
지금 내 마음을 잘 들여다보는 것이지요.

남아 있을 거예요. 그게 내가 끝까지 지녀야 할 것들이지요. 이렇게 순위를 정해놓으면 끊임없이 변하는 세상에서 조금 덜 흔들리면서 스스로 주인이 되어 살아갈 힘을 유지할 수 있어요.

갈팡질팡한 마음 때문에 꿈이 싫어지나요? 그냥 다 잊고 지금을 즐기고 싶나요? 결정보다 더 중요한 건 건강한 나의 모습입니다. 빨리 결정하는 것이 중요한 것이 아니라 나에게 맞는 속도로 살아가는 것이 더 중요한 것이니까요. 다만, 지금을 즐기고 지내는 것이 결코 '회피'가 되지 않도록 나에 대한 생각과 고민을 멈추지는 말았으면 해요.

혹시 '모죽(毛竹)'이란 대나무를 알고 있나요? 중국과 한국에서 자생하는 대나무 종류인데 이 나무는 씨를 뿌린 지 5년 동안은 싹이 나지 않는다고 하지요. 5년이 지나야 비로소 손가락만 한 죽순이 돋고 어느 날 갑자기 하루에 70~80센티미터가 6주간 쑥쑥 자라기 시작해 30미터 이상에 이른다고 하네요. 도대체 5년 동안 대나무는 무얼 한 걸까요?

아무 변화도 보이지 않던 시간 동안 모죽은 사방으로 십 리가 넘도록 뿌리를 뻗어 자리를 단단하게 만들어 놓습니다. 그 가느다란 몸이 높이 성장한 후 비바람에도 뽑혀 나가지 않도록 기초를 다지고 있었던 거지요. 5년 동안 아래로 뿌리를 내리고 준비하다가

기초를 토대로 폭풍 성장을 하면서 자신을 당당하게 드러내는 모습! 멋지지 않나요?

내 모습을 가만히 들여다보세요. 하루에 70센티미터를 도약하기 위해 지금 땅에 뿌리를 내리고 있는 모죽의 모습일지도 모르지요. 우리도 이렇듯 아무 변화가 없고 답답하게 있는 듯하지만 그저 멈추어 있는 존재가 아니에요. 가만히 있는 것 같지만 자신도 모르게 도약을 위해 가만가만히 뿌리를 내리고 있지요. 이때 내 마음을 잘 살펴보세요. 내 마음이 어디로 가고 있는지. 내 마음이 무엇을 원하는지. 급하게 찾지 말고, 다른 사람의 잣대에 흔들리지도 말고 말이지요. 눈에 보이지 않는다고 해서 그 뿌리 내리기를 멈추고 있지는 않은지도 살펴보아야 합니다.

이정숙 샘

03

꿈을
어떻게 찾아야 할지 잘 모르겠어요.

그거 아세요. 우리 친구와 같은 고민을 지닌 사람이 우리나라에는 정말 많아요. 학교를 졸업해도 내가 뭘 잘하는지, 뭘 하고 싶은지도 모르겠다는 사람들이 대부분이지요. 그러니 당연히 어떻게 살아야 할지 답답하고, 두렵기도 하지요. 이제 어른 행세를 해야 할 것 같은데 자신의 소신이나 관점도 없고, 진로는커녕 내가 누군지도 잘 안 잡혀요. 자, 우리 친구에게 우선 이것부터 말해야겠네요. 우리 친구는 지극히 정상이에요. 또한 진로에 대해 섣불리 조언하고 지시하는 주변 어른들 역시 많은 점을 모르고 있답니다.

사실 우리의 공교육에서 아쉬운 점을 찾을 수 있어요. 자신이 어떤 사람이며 재능은 뭐고 무엇을 원하는지 곰곰이 사유하고 각성할 시간이 우리는 좀처럼 없습니다. 학교에서 그런 기회가 별로 없지요. 그렇다 보니 사실 서른이 넘어서도 자신이 어떤 사람인지, 원하는 게 무엇인지 모르는 사람이 부지기수입니다. 결론부터 말하면, 구체적인 진로를 지금 당장 고민할 필요는 없어요. 아직

한참 멀었어요. 이렇게 말하는 이유를 들어볼래요.

우선 여러분들이 살게 될 10년, 20년 후의 미래 모습이 가장 중요한 이유라고 할 수 있어요. 진화학자이면서 미래학을 연구하는 동물학자 최재천 교수는 미래학자들의 주변을 맴돌며 미래의 키워드를 정리한 적이 있어요. 그는 미래 변화를 포괄적으로 묘사하는 키워드로 네 가지를 선택했어요. 바로 세계화, 도시화, 고령화, 혼용화이지요.

이중 고령화는 우리나라가 세계에서 가장 빠른 속도로 진행되고 있어요. 고령화의 시동이 이미 걸린 줄도 모르고 우리는 대대적으로 산아제한 정책을 시행했지요. 출산율이 세계 최저 수준으로 떨어지자 뒤늦게 "하나는 외로워요"로 정책을 바꾸게 되었지만, 이제 우리 사회는 고령 사회(Aged society)임을 부인할 수 없지요.

우리 친구의 부모님 세대가 학교를 다니던 때는 한 직업으로 평생을 일하는 것이 당연했어요. 하지만 지금 여러분들이 맞이할 현실은 그때와 전혀 달라요. 백 살까지 수명이 늘어난 지금, 이십 대 초반에 대학 4년 과정을 배운 걸로 남은 인생 60년을 버틸 수가 없다고 하네요. 모든 사람들이 직업을 대여섯 차례씩 바꾸며 사는 시대가 오고 있어요. 딴지일보의 총수인 김어준의 표현을 빌리면

"인생은 비정규직이다." "삶에 보직이란 없는 것이다." "직업 따위에 포섭되지 말라."라고 할 수 있겠네요. 한 우물만 파고 사는 시절은 이미 지나갔다고 할 수 있어요.

미국의 '21세기 교육협의회' 보고서에 따르면, 평균 수명은 120세까지 늘어난다고 해요. 그 수명에 맞게 살려면 직업을 평균 10~15개 가질 수 있어야 한대요. 직장을 더 많이 옮길 수도 있구요. 현재 미국인들은 7.4개의 직업(2011년 통계 기준)을 가지다 은퇴한다고 합니다. 그뿐만이 아니에요.

2010년 '유엔 미래 포럼'의 발표를 들어볼까요? 지금 있는 직장과 직종의 80%가 10년 뒤에는 사라지거나 완전히 달라진다고 해요. 여러분들이 가질 직업의 60%는 현재 태동도 되지 않는 분야에서 만들어질 것이라 예측합니다. 이제 여러분들이 살아갈 세상이 좀 실감이 나나요? 아울러 청소년 시기에 정한 꿈 하나를 평생 밀고 나가겠다는 생각이 얼마나 현실과 맞지 않을지도 짐작이 가지요. 이런 상황이라면 구체적인 꿈에 매달리기보다는 다른 방향으로 고민하는 것이 좋겠죠.

'진로 고민' 하면 우리는 흔히 직업을 미리 정하여 한 분야를 깊게 파고 들어가라고 조언해줄지 모르겠어요. 바로 '전문화'라는 이름으로 말이지요. 많은 이들이 자기 분야의 전문가가 되길 희망합니다. 그런데 최근에 전문가들이 우리에게 새로운 깨달음을 주는 말을 했습니다. 몇 년 전 〈동아일보〉에서 가야금 명인인 황병기 선생님이 첼리스트 장한나에게 덕담으로 들려준 말이지요. 바로 "우물을 깊이 파려면 넓게 파라."입니다.

　요즘에는 김치냉장고 때문에 김장독을 묻는 집이 거의 없지만 예전에는 김장독을 땅에 묻어서 보관했지요. 김장독을 묻을 때 김 장독의 지름을 재고 정확하게 그 넓이만큼만 땅을 판 사람은 아무도 없어요. 독의 지름보다 훨씬 넓게 파기 시작해야 김장독을 묻을 수 있기 때문이지요. 어느 정도 전문적 깊이에 도달하기 위해서는 넓게 파기 시작해야 해요. 그러니 꿈을 어떻게 찾을지 고민만 하지 말고, 자기가 하고 싶은 것을 찾아 이것저것 부딪쳐보는 것이 어떨까요? 이 역시 깊은 우물을 파기 위한 과정일 테니까요.

　미래의 키워드로 언급한 '혼용화' 이야기도 잠깐 할게요. 혼용화는 이 세상 거의 모든 것 간의 경계가 사라지고 있다는 의미입니다. 학문의 경계도 허물어지고 있어요. 인문학과 자연과학이 절대로 하나의 학문으로 합쳐질 리는 없지만 이제는 서로의 벽을 낮추고 만나고 있어요. 그래야 점점 복잡해지는 사회 문제에 대한 해답을 찾을 수 있거든요.

　21세기로 접어들면서 분과 학문의 시대를 넘어 학문의 경계를 넘나드는 '융합'과 '통섭'이 대세가 되어가고 있습니다. 문과와 이과의 장벽을 허물고 폭넓게 학문을 섭렵할 수 있도록 교육도 개혁해야 한다고 해요. 혹시 여러분들은 아리스토텔레스, 레오나르도 다빈치, 연암 박지원, 다산 정약용의 공통점이 뭔지 아세요? 이들은 모두 한 분야가 아닌 여러 분야에서 탁월한 업적을 남긴 전천후 학자들이에요. 이렇듯 이제 '될성부른 나무는 떡잎부터 알아본다' '한 우물을 파라'라는 말은 옛 구호가 되어버렸답니다. 이제 떡잎만 봐서는 몰라요. 떡잎은커녕 나이 서른이 넘어도 모르지요. 그런데 어떻게 벌써부터 나의 진로와 꿈을 정하겠어요. 그러니 지금 우선은 호기심이 가고 궁금한 것이 있으면 뭐든 닥치는 대로 덤벼보는 자세가 더 필요해요.

앞으로 계속해서 진로와 직업에 대한 수많은 이야기를 들을 텐데요. 이건 개인마다 사정이 다르니 가장 본질적인 원칙만 이야기할게요. 진로의 핵심은 앞으로 자신이 할 구체적인 직업을 선택하는 것이 아니라 자신이 어떻게 살고 싶은지에 대해 대충이라도 알 수 있는 기회로 삼아야 합니다. 그래서 선생님은 지금의 진로교육이 크게 우려되기도 해요. 학생들의 꿈과 끼를 존중하고 계발시켜주려는 의도는 매우 좋다고 생각해요. 하지만 직업의 구체성을 지금부터 논하는 건 시기상조이며 무용지물일 수 있어요. 10년 후는 지금의 직업 80%가 사라지는 대신 상상조차 할 수 없는 직업이 몇 배로 생겨나는 예측불허의 시대이기 때문이죠.

진로교육이 여러분에게 직업에 대한 구체적인 안내나 진로 선택에 대한 압력이 되지 말았으면 하는 이유가 하나 더 있어요. 특히 어린 여러분에게까지 영향을 미칠까 봐 가장 우려되는 이유지요. 그 이유는 바로 어른이 되어서 걱정해야 하는 돈, 명예, 권력, 경제적 안정성, 미래의 유망성 등을 아직은 어린 여러분이 벌써부터 생각하고 고민하게 된다는 점입니다. 그것은 아직 어린 어린이나 청소년 친구들을 어른들의 축소판쯤으로 여기는 셈입니다. 여러분들은 놀이와 친구 만들기에 열중해야 할 나이입니다. 그런 여러분이 미래를 생각할 때 혹시 월급을 따져보고, 경쟁자를 의식하게 되지는 않는지요.

한층 더 길어진 인생에 지금의 교육이 너무 빨리 여러분을 어른들의 세계로 안내하고 있는 것 같아요. 그리고 그 결과가 너무 암울해요. 중고등학생들이 장래희망을 대부분 교사나 공무원으로 생각하고 있어요. 더 나아가 청소년들은 어른 흉내 내기를 넘어서 어른 행세를 하기도 해요. 어른과 같이 욕설을 내뱉고, 폭력도 휘두르고, 화장도 하고, 자살까지도 하지요. 선생님은 북극성이 대충의 방향을 안내해주듯이, 이제 진로에 대한 고민과 교육은 여러분에게 삶의 길을 차츰 발견할 수 있는 기회가 되었으면 하고 바랍니다.

김국태 샘

04

가고 싶은 학과가 없어요.
진로에서 학과는
정말 중요한 것이겠죠?

샘은 지금 일반계 고등학교의 '진로진학 상담부'에 있답니다. 최근 진로교육의 중요성이 강조되면서 행사나 활동이 매우 많아졌지요. 아마 여러분이 다니는 학교에서도 진로 진학과 관련한 행사, 강연, 활동 등이 많을 거예요. 그리고 진로와 관련한 수업도 있을 겁니다. 이미 자신의 진로를 정한 학생들은 상관없겠지만, 그렇지 못한 학생들은 이 수업과 활동에 참여히며 자신의 진로에 대해 많이 고민하고 있을 거예요. 진로를 분명하게 정하고 꿈을 향해 달려가는 친구들을 보며 부럽기도 할 거고요.

사실 진로는 지금 여러분들에게는 정말 고민되는 주제일 수밖에 없어요. 자신이 앞으로 어떤 일을 하면서 어떻게 살아갈지 결정하는 것이니까요. 자신의 결정에 따라 미래 삶의 모습이 정해진다고 생각하면 쉬운 선택은 아니겠지요. 게다가 고등학생이 되고 나면 더 이상 나중으로 미룰 수도 없습니다. 아직 무엇도 분명하게 정하지 못했는데, 진로와 관련해서 해야 할 일은 무척 많아지지요. 시간은 없고, 할 일은 많고, 가야 할 방향은 정하지 못했고……. 아마도 초조하고 무척 불안할 것입니다.

누구나 행복하게 살고 싶고, 경제적인 여유도 누리고 싶고, 인정도 받고, 보람도 느끼고 싶을 텐데, 문제는 그렇게 살기 위해 어떤 진로를 선택해야 할지 영 모르겠다는 거지요. 아마 여러분도 그런 이유로 진로 진학에 대해 선생님과 한 번쯤 상담을 해봤을지도 모르겠네요.

진로진학부에 상담하러 오는 학생들을 보면 1, 2, 3학년의 고민이 약간씩 다릅니다. 1학년들은 진로 선택을 상담하러 온답니다. 무엇을 하고 싶은지, 어떤 학과, 어떤 직업을 택할지를 고민하고 자신의 성적도 상담하지요. 이미 방향을 잡은 학생들은 자신이 원하는 학과를 가기 위해 어떤 노력을 해야 하는지 등을 의논합니다. 2학년 학생들은 자신이 정한 진로에 대한 준비를 상담하길 원해요. 하지만 여전히 어떤 진로를 택해야 할지 몰라 갈팡질팡하고 있는 경우도 많답니다. 3학년은 훨씬 더 현실적인 고민을 털어놓지요. 진학과 관련한 구체적인 컨설팅이나 지금 자신의 성적으로 원하는 대학이나 학과에 갈 수 있는지, 아예 순서를 바꿔서 자신의 성적으로 갈 수 있는 대학이 어디인지를 이야기합니다.

어느 쪽이든 자신의 미래에 대해 불안해하고 자신 없어

하기는 마찬가지랍니다. 사실 미래란 불확실하기 때문에 불안한 것이 당연해요. 게다가 현대 사회는 쌍둥이 사이에서도 세대 차이가 난다고 할 정도로 급격히 변하고 있고, 갈수록 그 속도가 빨라져 사람들의 상상력을 넘어서고 있지요. 그 불확실한 미래에 우리 삶을 적응하게끔 만들 선택을 지금 해야만 하는 것이니, 그 선택 앞에서 우리 친구들이 매우 두려워질 수밖에요. 또 우리 친구들은 오로지 공부만 강조하는 학교와 가정에서 입시 교육에 목을 매며 과제와 학습에만 매달려 있느라 실제 경험해본 것이 별로 없으니까요. 그래서 자신의 흥미가 무엇인지, 무엇을 잘할 수 있고, 무엇에 관심이 있는지 대부분 모르고 있지요. 대학에는 어떤 학과들이 있는지, 학과와 직업은 어떻게 연결되는지, 세상에 어떤 직업들이 있는지에 대한 지식도 거의 없고요.

학생들이 샘에게 많이 하는 질문은 다음과 같아요.

"샘, 저 어느 과에 가야 할까요? 하고 싶은 일이 뭔지 잘 모르겠어요."

"이런 일을 하려면 어떤 과에 가야 되지요?"

"그 일을 하려면 꼭 그 과를 나와야 되는 건가요?"

이런 질문을 대입원서를 내야 하는 고3 학생들, 심지어 재수를 하는 학생들까지도 합니다. 한 조사 결과에 따르면 자신의 흥미나 적성에 대해 잘 알고 있다고 대답한 청소년은 15%에 불과하다고 하네요. 학과 선택이나 진로 상담을 많이 한 샘의 경험으로 보면, 많은 학생들이 선택을 해야만 하는 시점이 되어 어쩔 수 없이 진로 선택을 하고 있을지도 모른다는 생각이 들어요. 어떤 학과이든 선택해서 원서를 넣고 대학에 진학해야만 하니까요.

그렇다면 어떻게 해야 하는 걸까요? 학과는 어떻게 선택해야 하고, 얼마나 중요한 것일까요?

대학 진학에서 학과 선택은 아주 중요한 일이라고 할 수 있어요. 자신이 선택한 학과에 따라 자신의 직업이나 인생 방향을 결정하는 일이 많으니까요. 게다가 전문직의 경우 반드시 해당 학과를 나와야만 가능한 경우도 많아요. 무엇보다 대학에 가서 전문지식을 쌓고 취업에 필요한 자격증 등을 취득하려면 학과는 정말 중요하다고 할 수 있죠. 그렇기 때문에 자신의 성적에 맞춰서 우선 대학 합격만을 목표로 아무 학과든 들어가자는 식의 진학은 정말 피해야 한답니다.

그런데 자신이 무엇을 하고 싶은지, 어떤 일을 잘할 수 있을지 전혀 모르겠는데 어떻게 학과를 고를까요? 입시는 다가오고 원서는 내야 하는데 말이지요. 샘은 어땠을까요? 이제부터 샘이 어떤 식으로 학과를 골랐는지 얘기해볼 테니까 여러분의 선택에 참고 해보세요.

샘은 어려서부터 말을 참 잘했다고 합니다. 논리적으로 따지는 걸 좋아하고 어떤 일에 대해 분석하는 것도 좋아했어요. 그래서 어른들은 저에게 법조인이 되면 좋겠다는 말을 자주 했어요. 샘도 어렸을 때는 법학과에 진학해서 판사나 변호사가 되고 싶었지요. 판사나 변호사는 논리적인 말솜씨와 판단력이 필요하다고 생각했거든요. 그러다가 중학교 때 치마와 블라우스 만들기 실습을 하게 됐는데, 가정 선생님이 그쪽에 관심이 많으셨는지, 패턴을 다양하게 보여주시고는 우리에게 직접 디자인과 도안 작업을 맡기신 거예요. 치수를 재고 정확히 계산하여 꼼꼼하게 선을 그리는 도안 작업을 샘은 유난히 잘했지요. 게다가 매우 재미있었어요. 그때부터 샘은 디자인이나 도안, 설계 등을 하고 싶은 마음에 디자인학과나 건축학과에 가야겠다고 결심했어요.

어려서부터 책 읽는 걸 좋아한 샘은 고등학교 때는 글 쓰는 즐거움에 빠졌답니다. 그래서 작가이자 문학평론가가 되고 싶었지요. 그러려면 지식도 풍부해야 하고 공부도 많이 해야 하는데, 당시 샘 부모님의 사업 실패로 가정 형편이 좋지 않아 오랜 기간 공부를 하기에는 학비가 부담스러운 상황이었어요. 그래서 샘은 또 하나의 꿈이었던 교사가 되기로 했어요. 우선 교사가 되어 학비를 벌고 계속 공부해서 샘이 가장 원한 작가와 문학평론가가 되기로 결심한 거죠. 샘은 문학과 관련이 많은 국어교육과를 선택했고 국어 교사가 되었답니다. 작가와 문학평론가는 아직 못 이룬 꿈으로 샘의 가슴에 남아 있지요.

샘의 꿈이 참 여러 번 바뀌었지요? 샘은 처음에 가장 잘하는 분야로 진로를 결정하려고 했어요. 그러다가 나중에는 샘이 가장 좋아하고 관심 있는 분야를 선택하게 되었죠. 샘의 선택에서 가장 중요했던 건, 샘이 원하는 삶을 살기 위한 고민이었어요. 그러기 위해 샘의 능력, 흥미, 적성 등을 모두 고려했지요.

진로를 결정할 때에는 우선 자신에 대해 제대로 이해하는 게 가장 중요해요. 우리는 자신에 대해 잘 안다고 생각하지만 실제로는 제대로 이해하지 못하는 경우가 많답니다. 학과를 선택하기 힘들 때에는 우선 어려서부터 지금까지의 자신에 대해 세밀하게 돌이켜보세요. 자신이 어떤 일을 잘하는지, 또는 어떤 일에 흥미가 생기는지……. 그게 여러분의 적성이나 흥미에 해당할 거예요. 그리고 스스로 정보를 찾아보고 책도 많이 읽고 다양한 경험을 함으로써 자신의 흥미 분야를 찾으려고 노력해보세요. 혼자서만 고민하지 말고 부모님이나 선생님들과 대화를 나누는 것도 좋은 방법이 될 거예요.

하지만 그것이 뜻대로 안 됐을 때에는 차선책을 선택해야겠지요. 우선 여러분이 좋아하는 교과목이나 성적이 좋은 과목과 관련된 전공이나 직업에 대해 조사해보는 건 어떨까요? 좋아하거나 성적이 높다는 것은 흥미나 적성과 관련되어 있을 가능성이 높답니다. 그것도 잘 모르겠다면 우선은 해보고 싶은 직업이나 성격에 잘맞을 것 같은 직업을 찾아보고 관련된 전공을 선택하는 것도 하나의 방법이 될 거예요. 그조차도 없다면, 취업이 잘되는 전공 가운데 관심 있는 전공을 고르는 것도 최후의 방법이 될 수 있어요. 물론 좋은 방법은 아니지만요.

노랗게 물든 어느 숲 속에 두 갈래로 나뉘어진 길.

아쉽지만 두 길 모두를 갈 수는 없다.

나는 우두커니 선 나그네 되어

나무 밑 덤불 속으로 꺾이며 사라진

한 갈래 길의 보이는 곳까지

오랫동안 바라보았다.

.....

그리하여 먼 훗날 어느 곳에서

한숨을 쉬며 나는 말하겠지.

어느 숲 속에 두 갈래 길이 있었다고.

나는 그중에 덜 다닌 길로 떠났다고.

그리고 그것이 모든 것을 바꾸어 놓았다고.

흔히 '인생의 선택'에 대한 이야기를 할 때 '로버트 프로스트'의 대표작인 〈가지 않은 길(The Road Not Taken)〉을 많이 인용해요. 이 시를 쓴 로버트 프로스트는 퓰리처상을 4번이나 수상한 유명한 시인이지만, 그의 삶에는 아픔과 고통이 가득합니다. 어린 시절 아버지의 죽음, 가난, 유전인 정신병에 우울증, 두 번의 대학 자퇴, 다양한 직업을 전전해야 했던 생활. 아마도 고통의 순간에서도 자신이 원하는 삶을 선택하기 위한 고뇌가 이 시에 담겨 있는 게 아닌가 싶네요. 인생은 수많은 선택의 연속이고, 그 선택들이 모여 삶을 이루죠. 학과 선택도 그중 하나겠죠? 선택은 늘 아쉬움과 미련, 불안함을 동반할 수밖에 없어요. 어떤 선택이 더 나을지 가보지 않는 한 알 수 없고, 그 선택에 따라 '모든 것이 달라질 수도' 있으니까요. 그래도 자신이 행복할 수 있는 최선의 선택을 찾아 용기를 내라고 말하고 싶어요.

덧붙일게요! ▶ ▶ ▶

재미있는 표정이나 수업으로 이름을 날리고 있는 '문단열' 영어 교수의

전공은 사실 영어가 아니라 신학이라고 합니다. 어학연수를 다녀온

것도 아니고 오직 국내에서 독학으로 공부했다고 해요. 영어를 잘하고

싶은 욕심 하나로 독하게 공부해서 지금의 자리에 올랐지요. 한 번의

학과 선택으로 모든 게 끝은 아니에요. 다시 되돌릴 수 있는 기회는 얼

마든지 많아요. 중요한 것은 자신이 원하는 삶을 찾기 위해 끝임없

이 노력하는 것임을 잊지 않았으면 좋겠어요.

김진숙 샘

05

친구 따라 강남 간다는데
친구 따라 꿈을 함께 꾸고 싶은 게
나쁜 건 아니죠?

커갈수록 점점 사는 게 힘들어지죠? 할 일은 많아지고 책임은 무거워지고……. 어른이 되어서 사회에 나가면 더 힘들답니다. 지금 여러분들이 맺고 있는 관계와 달리 사회는 다양한 이해관계가 복잡하게 얽혀 있는 곳이거든요. 그리고 그 속에서 끊임없는 경쟁을 요구받는 외로운 곳이기도 해요. 우리의 삶이란 삭막하고 험난한 사회에서의 장거리 경주라고 할 수 있죠. 그 힘들고 기나긴 여정을 친구도 없이 혼자 간다면 정말 힘들고 외롭지 않을까요? 따뜻하게 손을 잡고 위로해줄 수 있는 친구의 존재가 더욱 절실한 곳이 사회랍니다. 나이가 들면서 친구 만나기가 점점 힘들어지고 진실하게 마음을 나눌 친구도 줄어들지만, 그래도 마음의 벽을 허물고 고민 보따리를 편하게 풀어놓을 수 있는 존재가 친구죠.

사회에 나가면 친구 사귀기가 힘들다고 합니다. 사회에서 만나게 되는 대부분의 사람은 업무로 얽혀 있는 경우가 많아요. 경쟁사회다 보니 자신의 속내를 쉽게 드러내지도 않고, 자신이 손해 보면서 누군가를 배려하는 경우는 적지요. 그래서 친한 동료는 있어도 친구는 사귀기 힘듭니다. 그렇기 때문에 친구라고 하면 아무래도 학창 시절의 친구를 떠올리게 되죠. 달달하고 촉촉한 추억의 방에 함께 깃들어 있는 존재니까요.

그런데 만일 친구와 함께 같은 길을 걸어 나간다면 어떨까요? 개인적인 고민뿐 아니라 사회생활에서 겪는 각종 스트레스나 어려움도 편하게 얘기하면서 서로 쉽게 이해할 수 있으니 정말 행복하지 않을까요? 친구와 함께 같은 길을 걸으면, 힘들 때 서로 도와주는 관계가 될 수 있을 거예요. 때로 자신을 지지해주는 지원자가 될 수도 있고요. 또 서로의 부족한 점을 메우며 발전해 나가는 조력자가 될 수도 있을 거예요. 나태해지거나 노력하지 않는 자신을 일깨워주는 좋은 자극제도 될 거고, 선의의 경쟁을 하는 라이벌이 될 수도 있겠죠. 긍정적인 경쟁은 동기유발을 일으켜 서로를 발전하게 하니까, 친구로 인해 본인의 에너지나 능력보다 더욱 상승작용을 일으키는 시너지 효과가 있을 수도 있어요. 그러니 친구와 같은 꿈을 꾸고 함께 인생의 길을 걸어간다면 그건 정말 '베스트 오브 베스트'이지 않을까요? 삶에 있어서 큰 축복인 거죠. 친구와 같은 꿈을 꾸고 같은 일을 한다는 건 생각만 해도 신 날 것 같네요.

샘에게도 그런 친구가 있어요. 대학 친구인데, 그 친구는 서울에서, 샘은 인천에서 근무하고 살기 때문에 자주 만나지는 못해요. 하지만 서로를 누구보다 이해하고 믿고 있기 때문에 언제든 마음을 열고 대화할 수 있고, 때로 힘든 일이 있으면 편하게 고민을 나눌 수 있지요. 같은 일을 하기 때문에 어려운 점을 말하지 않아도 쉽게 이해할 수 있고, 때로 필요한 정보를 나누기도 하면서 함께 인생길을 걸어가는 동지이자 힘이 되어주는 존재예요.

그런데 샘 말고도 이렇게 같은 길을 걸어가며 좋은 친구관계를 가진 사람들이 많아요.

샘이 초등학교 때 학급문고에서 빌려 읽고 매우 재미있어 지금도 잊지 않는 '오성과 한음'의 이야기가 있어요. '오성 이항복(李恒福)'과 '한음 이덕형(李德馨)'은 조선 선조 때 명신으로, 어려서부터 친구로 지내면서 장난이 심하고 기지(機智)가 뛰어나 수많은 일화를 남겼지요. 두 친구에 얽힌 재미있는 일화들이 설화로 전해 오고 있을 정도랍니다. 심지어 2013년에는 개그콘서트의 소재로 사용되기도 해서 여러분도 이름을 들어봤을지 모르겠네요. 뛰어난 인물인 두 사람은 같은 해 과거에 합격하여 벼슬길에 올랐습니다. 그러다가 임진왜란이 일어나자 오성은 임금을 모시고 피란길에 오르고, 한음은 명나라로 가 구원병을 청함으로써 국난을 극복하는

데 중요한 역할을 했지요. 말년에는 당쟁으로 인해 두 사람 다 고난을 겪지만, 오성과 한음은 많은 업적과 뛰어난 능력을 발휘한 대표 명신(名臣)입니다. 나라를 사랑하는 신하로서 같은 길을 걸으며 같은 꿈을 꾼 친구들이었죠.

같은 일을 하면서 우정을 나누며 함께 빛을 발했을 뿐 아니라 세상에도 큰 도움을 준 친구들의 이야기가 있어요. 바로 네덜란드 출신의 예술가이자 친한 친구인 '드레 유한(Dre Urhahn)'과 '예로옌 쿨하스(Jeroen Koolhass)'입니다. 이들은 함께 브라질 여행을 갔다가 범죄자들의 은둔처로 악명 높은 빈민촌 파벨라 지역의 참혹한 현실을 보고, 자신들의 예술 재능을 절망에 빠진 사람들을 위해 쓰기로 결심합니다. 이들은 파벨라 지역 곳곳에 아름다운 벽화를 그리는 '벽화 프로젝트'를 시작했답니다. 그리고 후원금을 활용해 일자리가 없어 방황하던 마을 청년들을 고용하여 이 프로젝트에 참여시킵니다. 이로 인해 슬럼화 되었던 마을은 아이들이 뛰어놀고 주민들이 소통하는 곳으로 바뀌고 범죄율마저 줄어들었습니다. 이들은 앞으로 이 프로젝트를 브라질 전역과 전 세계 모든 슬럼가로 넓혀갈 예정이라고 하네요. 이들의 우정은 예술의 아름다움을 넘어 가난한 이들에게 희망을 주고 절망의 땅을 희망의 땅으로 바꾸는 놀라운 결과를 가져왔답니다. 하나의 목표를 향해 힘을 합치

그 힘들고 기나긴 여정을 친구도 없이 혼자 간다면

정말 힘들고 외롭지 않을까요?

고, 힘들 때마다 서로 격려하면서 큰일을 해낸 두 친구의 멋진 우정은 서로를 빛나게 한 겁니다.

같은 길을 갔을 뿐만 아니라 친구에게 든든한 조력자의 역할을 한 사람도 있어요. 독일의 철학자이자 정치경제학자로 과학적 사회주의를 창시하여 공산주의의 정신적 토대가 되었으며, 국제 공산주의 운동을 함께 조직한 '마르크스'와 '엥겔스'의 우정이랍니다. 엥겔스는 마르크스의 둘도 없는 친구이자 정치적 사상의 동지였지요. 그는 마르크스의 생계를 책임진 평생의 지원자이기도 했어요. 현대 인류에게 많은 영향을 끼친 저서 《자본론》의 1권을 완성하고 마르크스가 죽자 엥겔스는 《자본론》 2권과 3권을 출판, 편집하여 완성함으로써 마르크스가 죽은 후에도 변함없는 우정을 보여주었답니다.

친구이지만 때로는 경쟁자로서 서로 발전한 경우도 있어요.

"스티브 잡스와 지난 30년간 동료이자 경쟁자, 친구로 지낼 수 있었다는 것은 미치도록 크나큰 영광이다."

애플의 창립자 스티브 잡스가 죽었을 때 마이크로소프트의 창립자인 빌 게이츠 회장이 한 추모사입니다. 스티브 잡스와 빌 게이츠는 너무나 유명한 사람들이라 잘 알고 있을 거예요. 빌 게이츠는 "1970년대 후반 잡스와 처음 만났을 때부터 쭉 함께 성장해왔다"

며 "우리는 새로운 제품과 새로운 배움에 대한 꿈을 공유했다. 우리는 그 꿈들을 라이벌 관계로 이뤄냈다"라고 말했다는군요. 같은 꿈을 꾸고 선의의 경쟁을 하며 발전하는 관계가 매우 부럽네요.

어떤가요? 친구와 함께 꿈을 꾸고 같은 길을 걸어가는 건 정말 멋져 보이지 않나요? 살루스트는 "같은 것을 같이 좋아하고 같이 싫어하는 것은 우정의 끈을 더욱 단단하게 옭아준다"라고 했어요. 헤쳐 나가야 할 일이 많은 인생길에서 튼튼한 우정의 끈에 묶여 있는 친구가 곁에 있다면 정말 좋을 거 같아요. 아마도 같은 꿈을 꿈으로써 우정은 더욱 깊어질 것이라 생각해요. 이렇게 친구와 같은 꿈을 꾸는 것은 절대 나쁜 일이 아니랍니다. 오히려 모두 부러워할 좋은 일인 거죠.

혹시 친구와 같은 꿈을 꾸는 것이, 자신의 생각 없이 무조건 친구를 따라가는 건 아닐지 불안한가요? 아리스토텔레스는 이런 말을 했어요. "친구란 제2의 자신이다." "친구란 무엇인가? 두 개의 몸에 깃든 하나의 영혼이다." 이 말들이 무얼 의미할까요? 수많은 사람 중에 절친한 친구가 된다는 건 성격이 비슷하거나 잘 맞기 때문일 거예요. 그렇기 때문에 같은 일에 대해 흥미를 느낄 확률이 매우 높죠. 또 처음에는 별 흥미를 못 느꼈다가도 친구가 계속 얘기하면 흥미가 생기기도 하고요. 어쨌든 친구와 같은 꿈을 꾼다는 건 자신도 그 일에 흥미를 느껴서일 가능성이 높아요.

하지만 혹시 친구가 좋아서 자신의 적성이나 흥미에 맞지도 않는 꿈을 무조건 따라가는 거라면 그건 좋지 않아요. 아무리 친해도 친구가 자신의 삶을 대신 살아줄 수는 없으니까요. 자신에게 맞지 않는 꿈으로는 절대 행복할 수 없답니다. 이 점을 잊지 말았으면 해요.

또 하나 중요한 점이 있어요. 친구와 자신을 비교해 우월감을 갖고 친구를 대하거나 열등감에 빠져 좌절해서는 안 된다는 겁니다. 사람은 누구나 내면에 우월감이나 열등감이 있지만, 이를 조절하기 위한 노력이 필요해요. 특히 우리 사회는 남을 의식하는 경향이 강합니다. 한때 유행한 '엄친아'라는 말만 들어도 우리가 얼마나 다른 사람과 비교 당하면서 살아왔는지 알 수 있어요. 혹시나 친구에게 열등감이 있다면 이를 극복하기 위해 노력해야 해요. 잘못하면 좋았던 사이마저 멀어지고, 자신의 인생도 망가뜨릴 수 있으니까요. 자신을 발전시킬 수 있는 선의의 경쟁은 좋지만, 열등감을 갖는 것은 좋지 않아요. 때로는 열등감이 보통 이상의 일을 해내는 에너지를 주기도 하지만, 대부분은 자신을 비참하고 불행하게 만들기 때문입니다. 열등감을 극복하기 위해 자신의 장점을 찾아 긍정적으로 평가하려 해보세요. 그리고 내면의 소리를 들으며 스스로에게 집중해보세요. 자신의 일에 즐거움이나 보람, 성취감을 느끼며 스스로 만족하는 것이 열등감을 극복하는 가장 좋은 방법이랍니다.

덧붙일게요! ▶ ▶ ▶

스티브 잡스와 빌 게이츠는 친구이자 라이벌로서 치열한 경쟁을 벌였지만 우정의 끈은 놓지 않았다고 합니다. 빌 게이츠는 "우리는 항상 소통했고 서로에 대한 존경을 잃은 적이 없었다."라고 했어요. 그러면서도 스티브 잡스의 디자인 능력을 부러워했다고 하네요.

《어린 왕자》의 작가 생텍쥐페리도 말했어요.

"누군가는 성공하고 누군가는 실수할 수도 있다. 하지만 이런 차이에 너무 집착하지 마라. 타인과 함께, 타인을 통해 협력할 때에야 비로소 위대한 것이 탄생한다."

친구와 같은 꿈을 꾸며 같은 길을 가는 건 서로 더욱 발전할 수 있는 좋은 기회가 될 거예요. 그리고 우정이라는 이름으로 힘을 모아 빛나고 위대한 무엇을 만들어 낼 수 있다면 더욱 좋겠죠?

김진숙 샘

06

남들은 다들
어떤 꿈을 꾸나요?
별난 꿈도 알고 싶어요.

한때 가장 선망 받는 직업이 대통령과 장군이던 때가 있었어요. 지금 생각하면 시대적 상황에 영향이지 않나 싶어요. 군인출신 대통령이 집권하고, GDP(국내총생산)대비 국방비의 비율이 매우 높은 시절이었지요. 어른들이 "이 다음에 뭐가 되고 싶으냐?"라고 물어보면 대부분의 남자아이들은 대통령이나 장군이라고 대답했던 것 같아요. 저도 별 다른 생각 없이 냉큼냉큼 "대통령이요.", "장군이요"라고 했지요. 한 번은 제가 담임하고 있는 학생들의 진로 희망을 살펴본 적이 있어요. 그런데 정말 여러 가지더군요. 몇몇 중복된 직업을 제외하고 죽~ 늘어놔 봤더니 다음 표가 만들어졌어요.

조사 대상	희망 진로명 (총16개)
13~14세/청소년/24명 (남13명, 여11명)	만화가, 외교관, 컴퓨터프로그래머, 태권도관장, 의사, 변호사, 야구선수, 경찰, 과학고 입학, 웃음전도사, 초등학교교사, 화가, 스튜어디스, 요리사, 연예인, 육군 장교

(2013. 01. 10.)

놀랍지 않아요? 가수 박진영처럼 되고 싶다는 지환이를 비롯한 우리 반 24명이 희망한 직종은 무려 16가지였어요. 예전 같으면 대통령, 장군, 과학자, 의사, 변호사… 뭐, 이런 식으로 대여섯 가지가 전부였을 텐데요. 아마 여러분 대다수가 '내가 정말 하고 싶은 게 뭔가?'라는 물음에 대해 고민해본 적이 있을 거 같아요. 그 꿈을 어떻게 이루어가야 하는지, 다른 사람들은 어떤 꿈들을 품는지도 궁금했겠지요.

그래서 저는 널리 알려진 사람의 꿈 이야기를 함께 나누어 보려고 해요. 그분들이 자신의 꿈을 향해 어떻게 다가갔는지를 따라가다 보면, 아득하기만 한 우리의 꿈도 뭔가 실마리가 잡히지 않을까요?

'나는 정말 행복한 사람이다. 하지만 세상에는 불쌍한 사람들이 얼마나 많은가? 나만의 행복을 위해서 살아서는 안 된다. 서른 살이 될 때까지는 내가 좋아하는 학문과 예술 속에서 살고, 그 이후

에는 세상 사람들을 위해 봉사활동을 하자. 이를 위해서는 내가 무엇을 어떻게 해야 할까?'

요새 사람들이 보면 '저 사람, 저거, 무슨 배부른 소리야?'라고 할지도 모를 고민에 빠진 청년이 있었습니다. 이 기특한 고민에 빠져 세상을 위한 봉사를 결심한 때, 그의 나이는 불과 스물한 살이었지요. 어느 날 그는 우연히 아프리카인들의 비참한 생활에 대한 책을 보았습니다. 그 책에는 "이곳에는 의사가 없어요. 약도 없습니다. 의사이신 분은 도와주십시오."라는 의료 지원을 간절히 요청하는 글이 쓰여 있었지요. 순간, 청년은 정신이 번쩍 들었어요. 마음속에서 '아, 내가 가야 할 길은 여기로구나.'라는 생각이 든 거죠. 청년은 뒤늦게 의학 공부를 하기 시작했어요. 예나 지금이나 의사가 되는 과정은 어렵고 힘들지만, 청년은 굳은 의지로 열심히 공부했어요. 그렇게도 하고 싶은 일이었으니 어려운 공부여도 몰입이 잘되었을 거예요. 마침내 서른 살에 그는 의학 과정에 진학하여 몇 년 뒤엔 의학 박사도 되었지요.

사람들은 그를 말렸습니다. 아프리카는 일사병, 호우 등으로 사람이 살 수 있는 곳이 아니라면서 말이지요. 그는 주위의 만류에 굴하지 않고 적도 아프리카의 랑바레네에 가서 의료 봉사를 시작했어요. 열악한 환경이었지만 원하던 봉사활동을 하게 된 그는 기

조금씩, 조금씩.

한 발짝, 한 발짝.

그렇게 꿈을 향해 용감하게 다가서는 거죠.
재미있을 것 같지 않아요?

쁜 마음으로 환자들을 정성껏 치료했습니다. 나중에는 자신의 재산까지 몽땅 털어 병원을 지었어요. 진심이 아니면 할 수 없는 그의 용기 있는 실천으로 많은 아프리카 사람들은 고통에서 벗어날 수 있었어요.

이 사람은 바로 알베르트 슈바이처 박사(1875~1965)예요. 유난히 다방면에 재능이 많았던 그는 의사, 음악가, 철학자, 신학자, 목사 등 여러 분야에 업적을 남겼고, 아프리카 의료 활동으로 1952년에는 노벨 평화상을 받았어요. 다재다능한 슈바이처가 다른 직업으로 일생을 보냈더라면 아마 편안하고 풍족한 삶을 살았겠죠? 그는 가난하고 열악한 환경에서 평생을 보내다 척박한 아프리카에서 죽었지만 아무도 그를 불행하다고 하지 않아요. 도리어 자신의 꿈에 매진하여 성공적인 결실을 맺은 위인으로 우러르지요.

그러고 보면 자신이 정말 하고 싶은 것을 하며 산다는 것만큼 큰 행복은 없는 것 같지요? 아무리 풍족한 재산이 있어도 만족감이 없다면 그 삶은 성공적이라고 할 수 없겠지요. 슈바이처의 성공 비결은 무엇일까요?

슈바이처의 멋진 자아실현 뒤에는 진로에 대한 스물한 살 청년의 진지한 고민이 있었어요. 그리고 자신의 결정에 대한 철저한 준비와 실천이 함께했지요. 여러분 혹시 지금 무엇을 해야 할지 생각의 갈피가 잡히지 않나요? 해결 방법은 의외로 간단해요. <u>스스로</u> <u>에 대한 '진지한 고민!' 자신의 결정에 대한 투철한 '실천력!'</u> <u>이것입니다.</u>

대한민국 사람이라면 누구나 '꿈은 이루어진다.'라는 문구가 낯설지 않을 거예요. 여러분, 혹시 인터넷에서 '꿈은 이루어진다.'라는 말을 검색해본 적이 있나요? 아마 찾아본다면 정말 많은 결과에 놀랄 거예요. 영화 제목, 뮤지컬 제목, 블로그 이름, 노래 제목…. 정말 많지요.

저는 '꿈은 이루어진다.'라는 말에서 2002년 월드컵 열기가 떠올라요. 거리 곳곳에서 응원단의 상징인 붉은색 티셔츠와 '꿈은 이루어진다.'라는 문구를 볼 수 있었어요. 저도 역시 어디서나 붉은 티셔츠를 입고 다녔죠. 어느 날 붉은 티셔츠를 입고 출근했는데 교실에 들어가니 아이들도 대부분 붉은 옷을 입고 왔더라고요. 그때는 온 나라가 빨갛게 타오르는 것 같았죠. 아~, 정말 대단했어요.

2002년 한일 월드컵에서 우리나라는 월드컵 4강 진출이라는 꿈같은 일을 만들어 냈어요. 대부분 16강도 어려울 거라고 했지만, 히딩크 감독은 8강이라는 목표를 잡았다고 해요. 그리고 목표를 달성하기 위해 체계적인 계획을 세웠지요. 그는 당장 해야 할 것과 꾸준히 해야 할 것으로 일을 나누었어요. 덩치가 큰 유럽 선수들을 상대할 체력을 강하게 키우는 게 당장의 일이었고, '해낼 수 있다'는 강한 정신력을 심어주는 것이 꾸준히 해야 할 일이었죠. 그래서 당장의 실력보다는 꾸준히 연습하는 유형의 선수들을 뽑아서 훈련했다고 해요. 이러한 체계적이고 과학적인 노력은 결국 목표를 훨씬 뛰어넘어 월드컵 4강이라는 상상 밖의 결과를 가져왔어요. 대단하죠? 우리가 세계 4대 축구강국이 되다니….

만일 우리에게 월드컵 8강 진출이라는 절실한 꿈이 없었더라면 어땠을까요? 16강도 어렵다는 주변의 평판에 '맞아. 16강도 쉬운 일은 아니지….'라며 적당히 타협했다면 어떤 결과가 나왔을까요? 아마 16강 진출조차 어렵지 않았을까요. 4강까지 오른 데는 정말로 이루겠다는 강한 열망과 성실한 실천이 뒷받침이 되었기 때문이 아닐까 싶어요.

여러분 혹시 '도도새의 전설'을 들어보셨나요? 도도새는 인도양의 '모리셔스'라는 섬에 살던 새였어요. 이 섬은 《톰소여의 모험》을 쓴 마크 트웨인(1835~1910)이 "신은 모리셔스를 창조한 후 천국을 만들었다."고 할 정도로 천연 환경이 좋아 지금도 '아프리카의 백조'라고 불리는 유명한 휴양지이죠. 약 400년 전까지는 잘 알려지지 않은 무인도였고, 서식하는 동물도 도도새뿐이었다고 해요. 먹

이도 많고 천적도 없는 이 천혜(天惠)의 공간에서 도도새는 얼마나 행복했을까요? 굳이 먹이를 구하러 고단하게 날 필요도 없고, 천적이 없으니 적을 피해 억지 날갯짓을 할 일도 없었을 테고요. 아마 날개가 불편하게 느껴졌을지도 모르죠.

그러던 어느 날, 드디어 이 섬에도 낯선 이들이 들어왔어요. 포르투갈 선원들이 섬에 들어왔지만 도도새는 사람들을 보고도 날지 않았다고 해요. 그만 나는 방법을 잊어버린 거죠. 조류(鳥類)의 최대 가치인 '날기'를 포기한 도도새는 결국 멸종하고 말았어요.

여러분, 도도새의 날개가 우리에게는 '꿈'이 아닐까요? 꿈을 포기하는 순간 우리는 인간으로서의 가장 중요한 가치를 상실할지도 몰라요. 마치… 도도새처럼 말이죠.

우리 모두 가슴속에 멋진 꿈 하나씩 키워보는 건 어떨까요? 그러기 위해선 슈바이처 박사가 그랬듯 먼저 내가 정말 하고 싶은 것이 무엇인지 스스로 묻고 답해보는 진지한 시간이 필요할 거예요. 그 다음에는 조금씩, 조금씩. 한 발짝, 한 발짝. 그렇게 꿈을 향해 용감하게 다가서는 거죠. 재미있을 것 같지 않아요? 여러분, 다음 질문에 진지하게 한 번 답해볼까요?

1. 당신이 실현하고자 하는 꿈은 무엇인가요?

_____

2. 당신이 그 꿈을 실현하기 위하여 어떠한 노력이 필요할까요?

_____

　만약 질문에 대한 답이 나왔다면, 이제 딱 한 가지가 남은 셈이
로군요.

　용감하게! 행동으로 옮기는 실천!

김기홍 샘

07

저에게
꿈을 향해 매진할 힘이
과연 있을까요?

'꿈'이란 단어는 사람을 설레게 하는 힘이 있습니다. 하기 싫은 일도 해내게 하는 힘도 있지요. 이전의 나와는 전혀 다른 행동을 하게 이끄는 힘도 있습니다. 꿈은 강한 에너지를 만들어냅니다. 좀 더 내가 원하는 삶을 향하게 만드는 에너지 말이지요. 그런데 이 달콤한 '꿈'이라는 단어 앞에서 우리 친구들은 오히려 에너지를 잃는 것 같습니다. 꿈이 주는 힘보다는 꿈이 주는 부담감에 더욱 움츠리는 모습입니다. 어쩌면 '꿈'이라는 단어가, 지금 우리 친구들이 메고 있는 무거운 책가방 속 학습지처럼 어떤 과제로 느껴지는 것은 아닐까요?

그런 우리 친구들에게 선생님은 진로나 꿈에 대해 거창한 이야기를 해주고 싶지는 않아집니다. 좋은 학업 성적을 위해 학교생활을 내달리듯 하고 있는 친구들에게 진로나 꿈이 또 하나의 숙제처럼 툭 던져지는 것 같아 안타까운 마음이 들었거든요. 시험, 평가, 입시, 학과 등. 당장 우리 친구에게 결정하라고 내밀어진 이름들이 마치 내 미래를 좌지우지할 것 같이 무겁게만 들리지요.

아, 신중해야 하긴 하겠는데, 생각할 여유는 없고 또 여유가 있어도 멍해지기만 하는 그 기분. 고민해도 답은 쉽사리 나오지 않아 피곤하고, 아무 생각 없이 집에 가서 잠만 자고 싶고. 선생님도 알고 있답니다. 왜냐구요? 선생님 역시 무수히 꿈이 흔들렸고, 대학 졸업 후 회사를 다니다가 뒤늦게 교사에 길로 들어섰지요. 그 과정에서 수도 없이 선택이란 갈림길에서 우왕좌왕했고, '잘 해낼 수 있을까?' '나 실패하면 어쩌지'란 생각에 뒤를 돌아본 적도 많이 있었으니까요. 그 선택의 무거움에 에너지를 다 잃는 듯한 우리 친구의 마음을 알 것도 같아요.

그렇다면 어렵사리 꿈을 정하고 진로를 선택한 친구들은 어떨까요? 씁쓸하게도 그 친구들의 눈을 봐도 안타까움은 없어지지 않습니다. 진로를 정한 친구들에게서는 때때로 자신감보다는 '이겨야 한다'는 자기 채찍이 더 강하게 느껴집니다.

'꿈을 정하면 곧 경쟁 시작이다. 반드시 잘해서 이뤄야 한다.'

우리 친구들은 벌써 그렇게 생각하고 있는 듯 보였습니다. 선생님은 어른으로서 반성하게 되었어요. 마치 정글처럼 묘사되는 우리 학교와 사회에서 어린 여러분이 얼마나 자신감을 잃고 휘청이는지 알게 되었으니까요. '꿈'이라는 달콤하고 설레는 단어 앞에서, 두려움과 내몰림을 느끼는 청소년들. 선생님은 우리 친구들에게 꿈에 대한 고민, 진로에 대한 상담도 중요하지만 이 이야기를 먼저 해주고 싶었어요. "자기 자신을 믿어보렴."이란 말을요.

여러분은 모르겠지만 여러분에게는 자신을 지키고, 또 자신을 성장시킬 힘이 있습니다. 그저 그런 평범한 학생일 뿐이라고 스스로 생각해도, 지금까지 성장해온 데는 나름의 성공 경험들이 있답니다. 더 큰 성공만 바라보느라 그 성공 경험들을 인정하지 않을 뿐이지요. 우리는 세상에 태어나 아무것도 제 힘으로 못하는 존재에서 스스로 일어서고, 걷고, 혼자 학교도 가고, 새로운 사회 영역에 들어와 적응합니다. 그리고 다른 사람과 관계를 맺어나갑니다. 너부도 당연하다고 생각하는 이런 일들이 사실 아무 노력과 힘이 없다면 절대 얻어낼 수 없는 것들이란 걸 알고 있나요? 성장하겠다는 욕구가 없다면 이루지 못하는 일들입니다. 스스로 자라고자 하는 힘. 더 나아지려고 노력하는 마음. 이런 것이 여러분에게는 있습니다. 그리고 그 힘이 분명 자신을 움직이게 하는 때가 오지요. 그러니 자신에게 '잘 해낼 자신, 꿈을 향해 매진할 힘'이 있을까 하는 의심을 버렸으면 해요.

당장의 선택, 당장의 꿈에 대해 부담이 너무 큰가요? 아무래도 자신감이 없나요? 꿈에 대한 확신이 없다고 해도 지금의 자신을 믿고 경험해보는 것이 어떨까요? 여러 갈림길 앞에서 갈팡질팡 마음이 움직이나요? 그렇다 해도 그것 역시 가장 최선의 선택을 하기 위한 나 자신의 고민하는 과정입니다. 지금 자신의 현재 모습을 좋게 봐주세요. 그리고 그 고민의 끝에 내려진 자신의 결정을 믿고 앞으로 내딛어보세요. 어쩌면 지금의 부담감은 '혹시나 실패하거나 후회할까 봐' 하는 마음이 너무 커서 오는 것일지 모릅니다. 하지만 선생님은 우리 친구들이 실패나 후회를 꼭 나쁘게만 보지 않았으면 좋겠습니다.

세계적인 농구 스타 마이클 조던은 이렇게 이야기했습니다.

"저는 농구생활을 통틀어 9,000개 이상의 슛을 실패했고, 3,000 게임에서 패배했습니다. 그 가운데 스물여섯 번은 다 이긴 게임에서 마지막 슛의 실패로 졌지요. 나는 살아가면서 수많은 실패를 거듭했습니다. 바로 그것이 내가 성공할 수 있었던 이유입니다."

우리 주변의 많은 이들이 실패하면 마치 다시 일어서지 못할 것처럼 우리 친구들에게 '성공'을 강조합니다. 하지만 실패는 성공의 반대말이 아니랍니다. 오히려 성공과 가장 맞닿아 있는 말이지요.

스스로 자라고자 하는 힘.

더 나아지려고 노력하는 마음.

이런 것들이 여러분에게는 있습니다.

실패 없는 성공은 없다는 말처럼, 실패 경험은 성공의 중요한 밑바탕이 됩니다. 후회 역시 마찬가지입니다. 후회는 어찌 보면 여러분에게 꼭 필요한 감정입니다. 후회란 이전의 잘못을 깨닫고 뉘우친다는 뜻이지요. 다시 말해 이것은 더 성숙한 인간으로 거듭나기 위해 반드시 거쳐야 할 감정이기도 합니다. 누구도 처음부터 성숙하고 현명한 존재일 수는 없으니까요.

게다가 세상은 점점 다양한 변수로 가득 차게 되어 예측 가능한 영역보다는 그렇지 못한 영역이 훨씬 더 많습니다. 그렇기 때문에 실패 없는 삶이란 불가능하지요. 어른들도 때로는 서투른 선택을 하게 되기도 합니다. 꿈을 이루어가는 여정에서도 실패와 후회는 언제든 있을 수 있지요. 중요한 것은 그 실패 앞에서 보완점을 배우고 다시 일어서는 것입니다. 여기서 '나를 믿는 힘'은 매우 큰 역할을 합니다. 나를 믿는 사람은 그만큼 실패에도 의연해질 수 있고, 더 열심히 준비할 힘을 갖게 됩니다. 그리고 나를 믿는 만큼 꿈을 향한 추진력도 매우 강해지지요.

그리고 나를 믿어야만, 과정을 즐길 수 있습니다. '플로(flow)'라는 말을 들어보았나요? 이것은 바로 몰입이 주는 기쁨의 심리 상태를 말합니다. 어떤 것에 몰두하고 그것에 흠뻑 빠져서 시간이 가는 줄도 모르고 해내는 멋진 경험. 꿈에 다가가는 과정은 그런 몰입의 기쁨이 함께하는 과정이어야 합니다. 꿈을 이뤄가는 데 거치는 난관조차도 기쁘게 맞이하고 넘어설 수 있으려면 말입니다.

자신을 믿는 만큼 꿈을 이룰 가능성은 더 커진다는 걸 알고 있나요? 혹 꿈이라는 말 앞에서 막연해지고 더 주눅이 든다면, 그것은 잠시 자신에 대한 믿음이 흔들렸기 때문일 것입니다. 나를 더 믿고, 자신의 선택을 존중해주세요. 충분히 고민해도 좋습니다. 선생님의 경험상 코앞의 선택이 여러분의 인생을 좌지우지하지는 않아요. 그보다는 지금의 자기 모습을 응원하고 좋게 봐주는 게 필요합니다. 그러면 멀리 있어 아득해 보이기만 했던 그 꿈이, 까짓것 금방 따라잡을 수 있겠다는 마음이 들 거예요.

이수석 샘

Part two

꿈과 진로는
꼭 같아야 할까요?

우리 사회에서
'꿈꾼다는 것'에 대한 이야기

01

솔직히
무조건 취업 잘되는 과나
진로가 좋은 거 아닌가요?

우리나라의 대학 진학률은 OECD 국가 중 최고로 80%가 넘습니다. 고등학교를 졸업하는 학생들 중 80% 이상이 자신의 진로를 결정하고 구체적인 학과를 선택해서 진학하고 있다는 얘기죠. 그렇다면 80% 이상의 학생들이 자신의 미래 삶에 대해서 분명한 목표의식을 지닌 채 대학과 학과를 선택했을까요? 80% 이상의 학생들이 자신이 무엇을 원하는지 알고, 흥미와 적성에 맞추어 대학에 가는 걸까요? 분명 그건 아닐 겁니다. 그동안 샘이 상담해온 상당수의 학생들은 자신이 원하는 바를 정확하게 몰라서 진로 결정을 힘들어했으니까요. 또는 원하는 진로는 있지만 성적이 되지 않아 고민하는 학생들도 많았어요. 아마도 많은 학생들이 성적에 맞춰서, 부모님의 권유로, 또는 취업이 잘되는 유망학과로 진학하고 있을 겁니다. 하지만 이런 선택은 때로 자신을 불행하게 할 수도 있어 참으로 위험한 선택이랍니다.

샘의 제자 중 한 명의 얘기를 해볼게요. 그 아이는 개성이 강하고 주관도 분명했지요. 공부도 아주 잘했어요. 자신은 원하지 않았지만 부모님의 뜻에 따라 의대에 입학했는데, 의대는 그 아이의 적성에 전혀 맞지 않았어요. 대학 공부를 힘들어하던 샘의 제자는 학교에 가기 싫어했고, 밤마다 게임에 빠져들어 거의 폐인처럼 생활하더군요. 왜 그렇게 지내냐고 샘이 물었더니 의대에 다니기 싫은 자신의 의사를 그런 식으로 표현하는 거라고 하더군요. 자신은 피를 보는 것이 너무 싫대요. 그런데 부모님이 포기하지 않으니 자신도 어쩔 수 없다고 했지요. 결국에는 부모님이 자식의 뜻에 따르기로 결정하셨죠. 샘의 제자는 다시 공부해서 자신이 원하는 법대로 진학했어요. 비록 2년이라는 시간을 낭비한 셈이 되었지만, 자신이 원하는 학과에 가서 무척 만족했어요. 모두 부러워하는 의대를 관뒀는데도 아쉬움은 전혀 없다더군요. 이전과 다르게 정말 열심히 공부하더니, 졸업하기도 전에 사법고시에 합격했답니다.

이처럼 학과나 진로를 선택할 때, 사람들이 선호하는 직업을 갖기 위해서 또는 취업이 잘되는 학과라서 무조건 선택하는 것은 좋지 않아요. 자신의 흥미나 적성과 거리가 먼 학과에 다니는 것은 정말 힘들기 때문이죠. 대학에 가면 기초부터 전공심화, 응용과목까지 깊이 있는 공부를 해야 돼요. 흥미와 적성에 맞지 않으면 공부는 어렵기만 하고 갈수록 흥미가 떨어져서 너무 힘들 거예요. 게

다가 원치 않는 전공에 맞춰 직업을 선택하면 행복이나 만족감을 느끼며 살기는 어려울 거예요. 왜일까요?

우리는 하루 중 잠자고 먹는 등 생명 유지에 필요한 시간과 생리적인 시간을 뺀 대부분을 일하는 데 쏟거든요. 직업이 곧 생활의 대부분이 되고 그것이 삶으로 직결된답니다. 만일 하고 싶지 않은 일을 한다면 그 많은 시간을 어떻게 보낼까요? 피를 보는 것을 끔찍해하는 사람이 하루에 8시간 이상을 피를 보며 생활해야 한다면 과연 행복할 수 있을까요? 다른 사람과 대화하고 만나는 걸 힘들어하는 사람이 영업직을 한다면 과연 만족스러울까요? 이건 맞지 않는 옷을 입고 있는 불편함 정도가 아니라 항상 등에 무거운 멍에를 지고 사는 것과 같을 거예요.

최근 보도에 의하면 자신이 원하는 전공과 다른 대학에 가는 경우가 50% 이상 된다고 합니다. 그런데 한 조사에 따르면, 자신이 원하는 학과에 갈 때 취업률도 더 높았고, 임금도 10~20만 원 이상 더 받는다고 합니다. 이 조사는 직장인들을 대상으로 표집검사를 한 평균 결과예요. 사실 자신이 원하는 일을 해서 놀라운 능력과 성취를 맛보는 경우는 훨씬 더 많지요. 자신이 원하는 일에는 훨씬 적극적이 되고, 저절로 일의 능률도 높아지기 때문이죠. 그러므로 자신의 흥미와 적성을 무시한 채 무조건 취업이 잘되는 학과를 선택하는 것을 샘은 말리고 싶어요. 자신이 원하는 학과에 가서 능력을 멋지게 발휘하고, 만족과 행복을 높이는 것이 훨씬 현명한 선택일 거예요.

어떤 직업에 대한 막연한 흥미만으로 학과를 선택하는 건 어떨까요? 얼마 전 2014학년도 대입 정시모집 경쟁률 상위 10개 학과 중 1위부터 8위까지를 실용음악(학)과가 차지했다는 보도가 나왔어요. 심지어 한양대 실용음악과(보컬)는 2014학년도 수시모집에서 471.4대 1의 경쟁률을 기록했다는군요. 그런데 중도탈락을 하는 학생들이 해마다 8%가 넘는다고 해요. 이처럼 중도에 그만두는 이유는 연예인이 되고 싶다는 생각에 정보 없이 무작정 지원하는 사례가 많기 때문이라고 합니다. 가수의 꿈을 안고 무작정 실용음악과에 진학했지만 생각과 달리 대학에서는 전문적인 음악 공부를 해야 해서 버거운 것이지요. 그러니 아무 정보 없이 해당 학과에만 가면 자신이 원하는 일을 할 수 있을 거라는 단순한 생각은 버려야 한답니다. 자신이 가려는 학과에 대해 최대한 정보를 찾아보고 자세히 알아봐야 해요.

2011년 대학알리미 공시 자료에는, 전국 일반대학 학생의 중도탈락률 평균이 7.88%라고 나와 있습니다. 현재도 비슷한 추세이고요. 상당수의 학생들이 대학을 중도 포기하고 있어요. 물론 모든 중도 탈락이 적성이나 흥미에 맞지 않아서는 아니겠지요. 하지만, 이런 결과는 어쩌면 일단 들어가고 보자는 식의 진학 때문인지도 모르겠어요. 그러니 즐거운 대학 생활을 위해서라도 학과는 적성과 흥미를 고려해 신중하게 택해야 합니다.

그런데 신중하게 선택했는데도 학과가 적성에 맞지 않을 때에는 어떻게 해야 할까요? 우리나라 정규대학의 학과는 17,000여 개에 이른다고 하네요. 굉장히 많지요? 이 중에는 비슷한 성격의 학과도 많답니다. 대학에는 자신의 주(主)전공 외에도 다양한 선택이 가능해요. 복수전공이나 부전공 제도 등도 활용할 수 있고요. 연계·융합·학생설계전공 같은 다전공 제도도 있답니다. 일정한 계열 안에서 자유롭게 전공을 고르는 자유전공 제도도 있고요. 따라서 대학마다 있는 다양한 전공 제도를 활용하면 선택의 폭을 좀 더 넓힐 수 있을 거예요.

혹 자신의 학과가 도저히 맞지 않는다 싶을 때는 전과나 편입학도 생각해볼 수 있어요. 그러므로 한 번의 선택으로 모든 것이 끝났다고 생각하는 건 바람직하지 않아요. 대학에 들어가고 나서도 끊임없이 자신이 하고 싶은 일이나 원하는 삶에 대해 고민하고 찾아야 해요. 자신의 행복한 삶을 위해서 말이에요.

잊지 말아야 할 것은

어떤 선택이든 자신이 진정 원하는 것을 찾으려는
노력이 있어야 한다는 점이에요.

인간 수명 100세 시대에 접어들었다고 해요. 미래학자들은 첨단 과학기술의 발전으로 2030년이 되면 인간 수명이 120세까지 늘어 나고, 2050년 이후에는 인간이 죽지 않는 시대가 올 거라고도 말 해요. 인간의 삶은 갈수록 늘어나는데 현대 사회는 여전히 불확실 하고, 미래 사회는 예측하기 어려울 정도로 빨리 변하고 있죠.

노동부에서 발간한 한국직업사전을 보면 2003년에 우리나라 직 업의 종류가 15,000개가 넘었고, 현재는 비공식적으로 20,000개 가 넘을 거라고 합니다. 갈수록 새롭고 다양한 직업이 생겨나고 있 죠. 그런데 학생들이 선호하는 직업을 조사해보면 20년간 거의 변 화가 없다고 합니다. 실제 샘이 학생들과 상담할 때에도 학생들이 원하는 학과는 거의 비슷해요. 원하는 직업도 마찬가지고요. 미래 학자 토머스 프레이는 "2030년까지 전 세계 일자리 20억 개가 소 멸할 것이고 인류의 절반은 일자리가 없을 것"이라고 했는데 말이 지요. 정리해보면, 지금 우리의 선호 직업 대부분이 10~15년 정도 후에는 사라지거나 가치를 잃을 것이고, 여러분이 직업을 가질 때 쯤에는 직업 판도나 사회 모습이 많이 달라져 있을 확률이 높다는 거죠. 지금의 발전 속도로 보면 전혀 불가능한 얘기들은 아닙니다.

그렇다면 이런 불확실성의 시대에 우리는 어떻게 미래를 준비 해야 할까요? 이제 평생직장도, 평생 직업도 불가능하다고들 하니

말입니다. 그래서 거론되는 것이 바로 '평생 교육'입니다. 미래 사회에 사람들은 평생 교육을 통해 신지식을 꾸준히 배워야만 직업을 가질 수 있다고 해요. 예전처럼 한 번의 학과 선택으로 한 직업을 갖고 평생 산다는 생각을 버려야 하는 것이지요. 자 그렇게 생각한다면, 지금 학과 선택에 대해 좀 더 편안한 마음이 될 수 있지 않을까요? 현재까지 자신이 찾고 원하는 것으로 최선의 선택을 하는 것이 가장 모범답안이 되지 않을까요?

김난도 교수는 《아프니까 청춘이다》라는 책에서 "현대는 통섭과 융합의 시대다. 그렇기 때문에 다양한 지식을 흡수하며 시대의 요구에 맞는 '자기만의 이야기'를 만들어가는 것이 학벌이나 스펙보다 중요하다."라고 말했답니다. 그러기 위해 눈앞의 현실만 보지 말고 먼 미래를 내다보며 다양한 지식을 배워 가능성을 넓히는 것이 필요할 것 같네요. 잊지 말아야 할 것은 어떤 선택이든 자신이 진정 원하는 것을 찾으려는 노력이 있어야 한다는 점이에요. 그래야 주인공이 되어 '자기만의 이야기'를 행복한 마음으로 만들어갈 수 있을 거예요. 혹시 지금의 선택이 불완전하더라도 얼마든지 다양한 기회가 있음을, 다양한 지식을 융합함으로써 더 큰 시너지를 가져올 수도 있음을 잊지 말고 도전하는 용기를 갖기 바랍니다.

덧붙일게요! ▶ ▶ ▶

탤런트 겸 가수로 활동했던 '임상아 씨'는 원래 무용을 전공했대요. 그러다 연기를 하고 돌연 미국으로 갔지요. 그 후 뉴욕 파슨스디자인스쿨에서 공부하고, 핸드백 디자이너의 길을 걷고 있답니다. 자신의 이름을 딴 'Sang-A' 핸드백은 할리우드 톱스타들이 애용하는 유명 브랜드가 되었죠. 임상아는 "매일 자신을 버리지 않고 하루하루를 자신이 원하는 방향으로 지내고 싶다"면서 "자기답지 않은 일을 하지 않고 살 수 있는 것만으로도 행복한 삶이라고 생각해요."라고 말합니다. 자신이 원하는 일을 하기 위해 자신이 가진 것을 아낌없이 버리고 새로운 도전을 한 임상아. 여러분은 어떻게 생각하나요?

김진옥 샘

02

부모님, 선생님, 친구들
모두 진로 강박에
시달리고 있는 것 같아요.

"중학교 3년 내내 저를 눌렀던 고민이 있는데, 빨리 내 꿈을 찾아야 한다는 압박감이었어요. 그게 제일 힘들었는데 아직은 찾지 못했고, 그렇게 여기까지 왔어요. 학교에서 선생님들은 '공부 못하는 애들이 갑자기 열심히 해서 잘됐다'는 성공담 같은 얘기하잖아요. 너희도 빨리 꿈을 찾지 않으면 안 된다면서… 그런데 정말이지 제 꿈을 모르겠어요. 지금 저에게 대학교에 가서 무슨 공부를 할지 물어봐도 저는 대답을 못할 것 같거든요."

작년 한겨레신문에 실린 학생의 인터뷰입니다. 여러분도 이런 고민을 많이 하고 있지요. 주변 친구들은 희망하는 대학이나 직업 목표가 뚜렷한데 자신만 무엇을 할지 모르겠다는 생각도 하죠. 목표만 정해지면 공부든 뭐든 열심히 할 수 있을 것 같은데, 오히려 진로 고민하느라 공부에 집중도 안 되고, 성적도 안 좋아지고, 자신감도 떨어지는 것 같죠. 심지어 자신만 뒤처지는 느낌도 들고요. 제가 가르치는 초등학교 아이들도 벌써부터 다른 친구들과 자신을 비교하며 무엇엔가 쫓기는 듯한 모습을 보인답니다. 이런 고민들을 들으면 참으로 안타까운 마음이 들어요.

사실 여러분 또래의 친구들은 진로나 직업 목표가 명확하게 정해져 있지 않은 것이 정말 흔하고 자연스럽답니다. 그럼에도 불구하고 우리는 빨리 선택하여 집중해야 한다는 압박에 스스로 스트레스를 받고, 심지어는 자신감마저 잃게 되지요. 왜 여러분은 스스로 빨리 결정을 내려야 한다는 강박에 시달리고 있을까요?

이것은 아무래도 현재 교육 환경이 직간접적으로 우리에게 빠른 선택과 집중을 강요하는 데 한 역할을 했다고도 할 수 있어요. 일단 교육과정과 입시제도가 적지 않은 영향을 미쳐요. 예를 들어, 2009개정 교육과정에서는 '국민공통 기본 교육과정'이 중학교 3학년까지로 되어 있지요. 이것은 예전에 고등학교 1학년까지의 과정이었는데, 일 년의 시간이 당겨진 것이지요. 그 결과 '선택중심 교육과정'이 고등학교 3년 동안에 맞춰 이루어지도록 내용이 변한 것이죠. 그래서 여러분이 고등학교에 들어가자마자 문과 혹은 이과 계열을 선택해야 하는 상황을 맞게 된 것이고요.

그뿐만이 아니에요. 최근 여러 특성화 고등학교들이 생겼어요.

외고, 과학영재고, 과학고, 국제고, 예체능고, 마이스터고 등이 있지요. 이곳들에 지원하려면 적어도 중학교 2학년 때까지는 어느 정도 희망 직업에 대한 결심이 서야지 그에 따라 고등학교를 선택할 수 있겠죠. 다시 말해 중학교 때부터 고등학교와 계열을 골라야 하는 부담을 갖게 되는 것이랍니다. 심지어 초등학생들조차 국제중이나 특목중이 생기면서 그 선택의 시기는 점점 더 빨라지네요.

요즘 대학 입시에 입학사정관제나 자기주도학습 전형이 생기면서 이 역시 간접적으로 직업과 계열 선택을 부추깁니다. 왜냐구요? 이러한 입시전형 방법들은 자신의 구체적인 진로 목표에 대한 계획과 다양한 학습 결과물을 주로 평가하기 때문이지요. 그 결과 여러분은 합격을 위한 포트폴리오만을 고민하게 되곤 합니다. 자신의 삶에 대한 진지한 고민과 성찰보다는 대학 합격을 위한 방법만 신경 쓰느라 더 불안에 빠지게 되는 것이지요. 이러한 사회 상황과 교육 환경에서 여러분을 걱정하는 부모님, 선생님조차 항상 선택에 대해 언급하게 되는 것입니다.

선택과 집중이라는 강박 속에 지내니 여러분은 어쩌면 선택과 집중을 해야 앞으로 좋은 결과를 얻을 수 있을 거라고 생각할지도 모르겠어요. 대부분의 사람들은 좀 더 빨리 자신의 희망과 꿈을 정해서 맞춤 공부를 해야 한다고 생각해요. 하지만 저는 진로 문제에서 선택과 집중이 최상의 방법이라는 것에 조금은 회의적인 편이예요. 사실 무엇을 선택한다는 것은 반대로 무엇을 포기한다는 뜻이기도 해요. 세상사 모든 일에서 얻는 것이 있다면 반드시 잃는 것도 있는 법이죠. 특히 진로에서 '선택과 집중'은 잃는 것이 많아서 꼭 좋다고만 말할 수 없어요. 진로의 선택은 대부분 앞으로 자신이 뭘 할지도 모르는 상황에서 내리게 되기 때문이죠. 앞으로 이어지는 계열, 대학, 학과, 직업 선택에서 여러분은 스스로 뭘 원하는지 잘 모르는 상황에서 하게 된다는 뜻이에요.

안타깝게도 우리를 둘러싼 환경은 여러분이 신중한 선택을 내릴 수 있도록 기다려 주지 않는 것 같아요. 선생님이나 부모님들도 구체적인 체험의 과정 없이 단지 심리검사나 취업 가능성, 대학 진학 여부만으로 여러분의 선택을 유도할 뿐이죠. 고등학교에서도 들어오자마자 여러분은 자꾸만 선택을 질문 받습니다. 흥미나 적성을 알아가고 삶에 대한 고민을 할 시간도 없이 말이지요. 그렇다 보니 여러분은 불안 속에서 지푸라기를 잡는 심정으로 진로를 고르기 쉽습니다. 그만큼 불확실성이 높은 선택이라 위험 부담이 있을 수밖에 없죠.

이런 선택과 집중은 선생님 세대에 맞는 전략이라는 생각도 들

주변의 말대로 '제 때' 진로를 정해야만
행복해지는 걸까요?

어요. 육상으로 빗대면 단거리 경주에 적합한 전략인 셈이지요. 저희 세대에서는 '제때 강박증'이란 게 있었어요. 들어보셨나요? 제때 강박증. 정확히 말하면 표준적인 삶에 대한 강박이라고 할 수 있어요. 제때 대학 가고, 제때 취직하고, 제때 결혼하고, 제때 아이 낳고, 이렇게 부모님의 잔소리를 듣지 않는 '남들처럼' 라이프 스타일 말입니다. 학문적으로 말하면 '결정적 시기'를 신봉하는 세대입니다. 결정적 시기란 특정한 시기의 활동이 평생을 좌우한다는 믿음이에요. 그 시기에 해야 할 것을 하지 못하면 인생이 완벽해지지 못한다는 두려움이 큰 세대가 바로 선생님 세대이지요. 그래서 항상 선택과 집중에 의한 단거리 경주에 매진할 수밖에 없었어요. 지금 생각해보면 '결정적 시기'니 '제때' 같은 말들이 오히려 청소년들이 꿈을 품고 나아가는데 방해가 될 수도 있다는 생각도 들어요.

그러나 학교를 졸업해 회사에 취직하고, 결혼을 한 뒤 신혼여행을 떠나고, 얼마 있다 첫아이를 낳는 라이프사이클의 전형은 점차 사라지고 있습니다. 여러분 세대는 나이에 관계없이 저마다 색다른 자신만의 시간표로 살고 있어요. 사십에 결혼하고 오십에 아이 낳고 육십에 대학 편입하지요. '꽃중년'이란 말도 있고, '꽃할배'라는 말도 있잖아요. 여러분은 매번 자신의 나이를 새롭게 정의하며 청춘을 지속하는 세대가 될 거예요. 단거리 경주보다는 자신의 라이프를 새롭게 갱신하는 장거리 마라톤 세대인 것이지요.

장거리 마라톤 세대가 진로를 택하는 데는 어떤 것이 필요할까요? 무엇보다 중요한 것은 여러분이 고민할 시간을 가져야 한다는 것입니다. 자신을 충분히 들여다보고, 직업에 관한 체험 등도 해봐야 주도적인 결정을 할 수 있게 됩니다. 공부하기도 바쁜데 어떻게 여유와 시간을 만드냐고 묻는 친구들도 있을 거예요. 이 친구들에게 해줄 좋은 이야기가 있어요. 몇 년 전 저도 텔레비전에서 봤는데요. 제목이 아주 근사해서 기억에 남았어요. 바로 '1년쯤 놀아도 괜찮아'였어요. 〈열다섯 살, 꿈의 교실〉이라는 교육 특집 프로그램의 1부인 이 프로그램에서 아일랜드의 '전환학년제'라는 것이 소개되었지요. 혹시 들어봤어요? 문화인류학자인 연세대 조한혜정 명예교수님도 고등학교에 입학하는 학생들에게 일 년 정도는 쉬면서 스스로 전환학년제를 가져보는 것이 좋겠다는 생각을 했다고 합니다.

아일랜드의 전환학년제는 우리의 고1에 해당되는 시기에, 일 년 동안 직업체험을 비롯한 다양한 경험을 자유롭게 할 수 있는 제도예요. 이 시기에 아이들은 주요 교과목외에 자신이 좋아하는 요리도 배우고, 레포츠도 즐기고, 악기도 배워요. 그리고 관심 직업도 실제로 체험해볼 기회도 갖습니다. 저라면 푹 쉬면서 텃밭을 가꾸거나 집 짓는 일을 도울 것 같아요. 직접 조립한 자전거로 여행을 떠나봐도 좋겠고요. 아일랜드 아이들은 시험과 입시의 압박에서 벗어나 자신의 삶과 사회 문제에 대해 고민하고 경험하는 일 년을 보냅니다. 자신의 꿈과 인생에 대한 답을 찾아가느라 다른 해보다 더 바쁘게 보낸다고 해요. 그 결과 스스로 만족하는 진로 목표를 가지게 되고, 저절로 동기 부여가 되어 학습도 좋아지지요. 실제로 10~15% 정도 성적도 더 높아졌대요. 몸과 마음이 부쩍 자라면서 신 나게 에너지를 발산할 때인 여러분 역시 일 년을 오롯이 그렇게 지내보는 것도 좋겠다는 생각이 들어요.

'우리 현실에서 과연 가능할까?'란 생각도 들 수 있어요. 나만 더 늦어지는 것은 아닐까? 아직도 고개를 가로젓는 친구들도 있을 거고요. 당장 입시 터널을 지나 취업 터널로 곧장 들어가야 하는데 한가하게 자신을 돌아보고 다양한 체험을 쌓는 일은 망설여집니다. 우리 친구들에게는 한비야 씨의 말을 생각해보는 것이 좋을 것 같아서 그분의 말로 마무리할게요. 서른다섯 살에 잘 나가던 회사를 그만두고 탐험가로 나섰고, 현재는 국제난민기구에서 일하는 한비야 씨가 고3 학생들에게 이렇게 말했습니다.

"나도 열아홉 살에 조바심에 빠졌겠지. 대학에 가지 못하고 재수하게 되면 더욱 그래. 하지만 그때 내게는 아무도 일 년, 이 년 차이가 아무것도 아니라는 걸 알려주는 사람이 없었어. 인생 구십 년을 축구로 비유하면 너희는 지금 전반 19분을 뛰는 중이야. 19분에 한 골 먹었다고 집에 가는 축구선수는 없어. 난 스무 살 넘어서까지 골 많이 먹은 사람이야. 만회할 시간은 충분히 있어!"

김국태 샘

03

졸업하면
사회에 나가야 하는데,
온전히 나를 책임지는 것이
두려워요.

이 말은 사실 서른이 넘은 어른들도 많이 하는 말이에요. 온전히 나를 책임지려는 생각은 일단 긍정적이네요. 하지만 두려운 것도 당연한 사실이지요. 그럼 지금부터 뭘 고민해야 할까요? 먼저 자신을 책임지는 것에 대한 '두려움의 원천이 무엇일까?'의 답을 찾아봅시다. 무엇이 그렇게 우리를 두렵게 만들까요? 막연히 앞으로 뭘 해야 하는지 모르기 때문일까요. 하지만 훨씬 더 근본적인 원인은 따로 있습니다. 바로 '어떻게 살고 싶은지'를 모르기 때문이지요. 앞으로 자신이 뭘 해야 할지에 대해서는 우리가 대신 선택해줄 수는 없어요. 하지만 자신이 어떻게 살고 싶은지에 대한 고민은 함께해줄 수 있어요.

먼저 고민을 해결하기보다는 위로를 해줘야 할 듯해요. 왜냐하면 여러분이 이런 고민을 하기까지는 우리의 교육과 사회시스템의 영향이 크기 때문입니다. 우리의 교육과 사회구조는 아직까지 '개인이 자신의 삶을 어떻게 상대할 것인가?' 혹은 자기 삶에 대한 기본태도를 가르쳐 준 적이 없어요. 그저 성공과 돈에 대한 경제논리를 내세워 강압하고 회유하는 교육을 해왔어요. 부모나 교사조차 개인의 성공은 바로 돈이고, 돈이 없으면 무시당하며 그 경쟁에서 낙오하면 바로 인생이 실패한다고 말합니다. 그러면서 네가 가장 끝줄에 서지 않기 위해 서로 앞서 나가라고 합니다. 자신만의 삶을 시도하라는 말보다는, 가늘고 길게 가라며 평균적인 삶을 주문합니다. 그래서 여러분은 더더욱 삶의 갈피를 잡지 못하게 된 것입니다. 이것은 전적으로 교육과 사회 시스템의 문제이니 자신에게 '문제가 있나' 자책하지 말았으면 해요.

한편으로 우리 사회는 미래에 대해 긍정적으로 생각하기 어려울 정도로 불안하기도 해요. 지금의 사십 대는 가난해도 꾸준히 경제가 발전하는 시대에 젊은 시절을 보냈거든요. 그러니까 미래에 대해 희망을 품고 열심히 노력하면 잘 살 수 있다는 낙관주의가 있어요. 하지만 현재 우리 사회는 발전이 정체된 상태이지요. 전반적으로 미래가 불확실하고요. 그래서 여러분은 낙관적으로 생각하기가 더 어려울 것입니다. 정신과 전문의 서천석 박사에 의하면, 인간은 원래 낙관주의를 갖고 싶은 본성이 있대요. 더 발전하고 싶고, 더 나아지고 싶고, 더 좋은 사람이 되고 싶고, 더 많은 능력을 갖추고 싶은 마음이 내면에는 다 있어요. 하지만 시대적으로 그러기 어렵다고 느끼기 때문에 가슴 밑바닥에 불안감이 깔려 있는 것 같아요. '내가 원하는 꿈을 실현할 수 있을까?'라는 고민을 여전히 하지요. 그 결과, 불안감과 두려움이 너무 크다는 게 지금 젊은 세대의 특성인 것 같아요. 자, 다음 말을 볼까요?

"지금(현재) 공부 안 하면 나중에(미래) 저렇게 된다."

어디서 많이 들었던 말이죠. 이 말은 우리 입시교육의 핵심 레퍼토리랍니다. 선생님 세대의 경우 6년, 12년만 고생해서 좋은 대학에 들어가면 만사 오케이였고, 고3이 끝나면 새로운 인생이 시작된다고 생각했어요. 그러나 미래 사회의 불안이 커지면서 이 말은 학창시절만이 아니라 서른 살을 넘어 취업할 때까지, 아니 평생을 따라 다니게 되었지요. 요즘은 미래를 대비하지 않으면 곧장 '노숙자 신세'까지 될 수 있다는 불안감과 두려움이 팽배해 있어요. 이처럼 여러분에게 미래라는 것은 경쟁력을 갖추지 못하면 '낙오하리라'는 위협의 상상력 안에서 그려지고 있어요.

그렇다 보니, 우리는 항상 미래를 위해 현재를 희생하며 살고 있습니다. 여러분 같은 학생들이 아마도 가장 대표적인 경우겠죠. 결국, 현재의 삶이 미래에 종속되는 인생을 살고 있는 것이지요. 우리는 '지금 여기와 현재'를 살 뿐이데 말이죠.

미래(未來)는 사실 글자 그대로 "오지 않는다."는 뜻이에요. 우리는 미래를 추구하지만 미래에 도달할 수는 없어요. 미래에 도착하는 순간이 곧 현재가 되니까요. 그리고 미래에 도달한 이후에 새로운 미래가 생겨나죠. 칼럼니스트 정희진은 "우리들은 닿을 수 없는 미래를 위해 현재의 삶을 유예한다. 이 점이 바로 우리 사회를 살아가는 인간의 가장 큰 비극이다."라고 말했어요. 그리고 여러분이 바로 그 비극의 상징적이고, 실질적인 볼모인 셈이지요.

자, 이제 우리가 학교에서 '부적응 학생'들에게 흔히 하는 말인 "쟤는 혹은 (내겐) 미래가 없어"라는 말은 성립할 수 없겠죠. 미래가 없기는 부적응 학생이나 공부를 잘하는 학생이나 마찬가지일 테니까요. 장밋빛 미래는 노력해서 얻을 수 있고/없고의 대상이 아닙니다. 미래 자체가 올 수 없는 것이니까요. '잘 나가는 사람'을 비롯해서 모든 사람에게 해당되는 말입니다. 오히려 정희진 씨는 '열린 미래란 미래를 위해서가 아니라 오늘을 위해서 오늘을 사는 것'이라고 강조해요.

여기서 정말 미래가 없었던 사람의 이야기를 하나 할까요? 그분은 바로 《감옥으로부터의 사색》을 쓰신 신영복 선생님입니다. 여러 가지 문제연구소장 김정운 박사가 쓴 《남자의 물건》을 보면, 신영복 선생님의 인터뷰가 나와 있어요. 김정운 박사는 신영복 선생님에게 '도대체 무슨 희망으로 무기수의 삶을 견딜 수 있었냐, 그리고 감옥에서 가족들에게 쓴 편지를 묶은 《감옥으로부터의 사색》이라는 글을 어떻게 쓸 수 있었냐고 물어보았어요. 그런데 신영복 선생님은 오히려 그래서 글에 더 몰두할 수 있었다고 답했습니다. 출소 날짜가 정해진 유기수들은 오직 감옥에서 벗어나는 그날만 기다린대요. 그들에게 현재는 미래를 위해 지워나가는 날들뿐인 것이죠. 그러나 무기수들에게는 미래가 없어요. 미래를 생각하면 괴롭고, 견디기가 힘들어져요. 그래서 현재의 삶에 끊임없이 의미를 부여하지 않으면 견딜 수가 없대요. 남에게 보이기 위해서 글을 쓰고, 사색에 몰두하는 것이 아니라 현재에 의미를 부여해야 했기에 글을 썼다고 합니다. 책은 나중에 아주 우연히 나온 것이라고 했어요.

이 인터뷰를 통해 김정운 박사는 "목적(미래)이 아니라 과정(현재)을 산다."라는 말을 해요. 물론 목적이 현재를 이끌어 가죠. 그러나 목적에 의해 과정이 생략된 삶을 사는 것처럼 불행한 경우는 없다고 강조해요. 예를 들어, 수험생은 대학에 합격할 생각만 하고, 그다음에는 졸업하여 학위를 받을 생각만 하며, 직장을 얻기까지는 취업만을 생각하고, 직장에 들어가서는 승진만을 생각하는 삶. 미래에 현재를 희생하는 삶을 살아간다면 어떨까요? 언젠가는 합격을 하고, 학위를 받고, 취직하고, 승진을 하겠지요. 그 모든 미래를 달성한 이후의 삶만 내 삶일까요? 그 과정에 존재하는 내 삶은 아무 의미도 없을까요? 그 과정에 나 자신의 아름답고, 젊은 날들이 존재하는데 말이지요.

우리는 현재를 살고 있습니다. 현재를 살아야 미래가 오는 것이지요. 현재에 충실한 삶이라면 미래를 걱정할 필요가 없어요. 잘 사는 하루하루가 모여 인생이 되기 때문이죠. "과정이 생략된 삶은 사기다! 오늘을 제대로 사는 법을 배워야 삶이 날 속이지 않는다."라는 김정운 박사의 마지막 충고는 한 번 새겨들을 만하지 않을까요?

앞으로 나 자신을 책임지는 것이 불안하고 두려운 여러분에게 한 사람을 소개해줄까 해요. 현실의 삶에 충실한 사람이지요. 진정한 자유인 조르바를 아세요? 니코스 카잔차키스의 소설 《그리스인 조르바》(열린책들)는 카잔차키스가 젊은 시절에 만난 '알렉시스 조르바'라는 실존 인물에 대한 이야기인데요. 조르바는 자유 없이는 단 1초도 살 수 없는 사람입니다. 그가 그토록 자유로운 비결은 뭘까요? 일단 그의 말을 한 번 들어보면서 생각해보죠.

"새 길을 닦으려면 새 계획을 세워야 하지요. 나는 어제 일 우리는 현재를 살고 있습니다.
현재를 살아야 미래가 오는 것이지요.

현재에 충실한 삶이라면 미래를 걱정할 필요가 없어요.

어난 일은 생각 안 합니다. 내일 일어날 일을 자문하지도 않아요. 내게 중요한 것은 오늘, 이 순간에 일어나는 일입니다. 나는 자신에게 묻지요. '조르바, 지금 이 순간에 자네 뭐 하는가?' '잠자고 있네.' '그럼 잘 자게.' '조르바, 지금 이 순간에 뭐 하는가?' '여자에게 키스하고 있네.' '잘해보게, 키스할 동안 딴 일일랑 잊어버리게. 이 세상에는 아무것도 없네. 자네와 그 여자밖에는, 키스나 실컷 하게.'"

이처럼 조르바는 그 순간을 사는 사람입니다. 그는 지나간 과거에 얽매이거나 오지도 않은 미래를 준비하느라 쩔쩔매지도 않아요. 여자와 키스할 때는 키스에, 일할 때는 일에 집중하지요. 그는 무엇이든 어정쩡하게 하는 것을 견디지 못합니다. 그렇다면 그에게 이런 질문을 해볼까요?

"어떻게 하면 순간을 즐길 수 있을까? 입시와 시험의 경쟁에서 자유롭기 힘든 우리가 해야 할 일은 미래의 준비가 아니고 무엇이란 말인가?"

조르바는 뭐라고 답할까요? 아마도 그런 바보 같은 질문은 집어 치우라고 호통을 치면서 말하겠죠.

"현재에 충실한 삶이라면 미래를 걱정할 필요가 없네. 잘 사는 하루하루가 모여 인생이 된다네."

이렇게 말하지 않을까요?

김국태 샘

04

제 꿈이요,
거창한 목표가 아닌데
말하기 좀 그래요.

우리는 흔히 꿈을 말할 때 직업을 이야기합니다. 언제부터인지 우리 사회는 직업을 꿈으로 바꾸어 생각하게 되었습니다. '세상에서' 내가 하고 싶은 것을 찾다 보니 우리는 꿈을 직업과 연결해 생각하는 것 같아요. 하지만 꿈은 어떤 직업을 말하는 건 아닙니다. 직업이 반드시 꿈과 연결된 것도 아니고 자기가 꿈꾸는 것이 직업이 되는 것도 아니지요.

청소년기에 생각하는 꿈은 무엇일까요? 어쩌면 내 미래에 대한 막연한 생각들을 직업이란 이름으로 한정지어서 구체적인 설계를 하는 것이 더 편한 방법일지도 모릅니다. 그래서 우리가 자주 꿈과 직업을 연결시키는 건지도요.

자, 꿈과 직업에 대해서는 선생님의 제자, 성구와 동현이의 이야기를 들려주는 게 좋을 것 같네요. 어느 날 성구와 동현이는 친구들과 꿈, 직업에 대해 이야기를 나누었답니다.

성구 넌 꿈이 뭐야?

A 나? 음, 난 노래를 잘 부른다니까 가수를 해볼까 봐.

B 난 배우 할까?

동현 난 엄마가 치과 의사하래. 돈을 잘 번다고. 넌? 넌 피
아노를 잘 치잖아? 작곡도 좀 하고. 잘하는 게 많네.
넌 음대 가면 되겠다.

C 나? 난 음악 쪽으로 잘하긴 하는데. 사실 난 기자가
되고 싶어. 막 취재하러 다니고 뭐 그런 게 좀 있어 보
여. 성구야, 너는 뭐가 하고 싶냐?

성구 나? 음. 난 좋은 사람!

우리 사회에서 성구의 대답은 별로 박수 받지 못할 가능성이 큽
니다. 우리는 대부분 앞의 수식어 '좋은'보다는 뒤의 명사(직업)에
초점을 맞추기 때문이지요. 가수, 배우, 치과 의사, 기자 등 수많
은 명사를 이야기하는 친구들 사이에서 성구는 왠지 자신도 명사
를 '말해야 할 것 같다'는 기분이 들었다고 합니다.

'좋은 사람'이라고 답한 성구는 사실 자기 꿈이 뭔지 잘 모르겠다
고 합니다. 뭔가 괜찮은 사람으로 살고 싶기는 하구요. 뭔지 모르
는 내 꿈을 직업에 투영해놓으면 좀 더 선명하게 꿈이 다가오니까

일단은 직업을 생각해봤대요. 친구들처럼 말이지요. 고민 끝에 성구는 교사가 되기로 했습니다. 그럴 듯한 명사를 찾은 것이지요.

꿈을 직업으로 한정해서 '교사'로 정하고 나니 일단 사범대학에 가야 했습니다. 성구는 입시 압박, 학업 스트레스, 왕따 등 어디로 튈지 모를 문제들이 첩첩이 있는 청소년 시기를 그저 묵묵히 견뎌내야 했습니다. 하지만 그렇게 견뎌 대학에 가면 과연 내 꿈을 활짝 펼칠 일만 남았을까요? 어쩌면 성구를 기다리는 것은 신 나는 대학 생활이 아니라, 또 다른 인내와 경쟁의 시간인지도 모릅니다. 그 경쟁에서 이겨도 새로운 경쟁이 꼬리를 물고 반복되지요. 우리 사회에서 직업이란 그렇게 '쟁취하는' 것이 되어갑니다. 꿈이 직업이 되어버리면 결국 '꿈' 역시도 쟁취의 대상이 되는 것이지요.

성구는 열심히 공부해 높은 경쟁률을 뚫고 사범 대학을 갔지만 임용시험에서 두 번이나 떨어졌습니다. 점점 더 경쟁률이 높아지는데 이 시험을 또 치러야 하나 망설였답니다. 성구는 정말 간신히 합격을 했대요. 합격 후 정말 뛸 듯이 기뻤는데 문제는 임용시험을 합격해도 몇 년을 기다려야 하는 것이었습니다. 성구는 이 년 만에 어렵사리 선생님이 되었습니다. 하지만 교사가 된 성구는 꿈을 이루어 행복했을까요?

성구는 아직 꿈을 이루어가는 중이라고 대답합니다. 왜냐하면 아직 '좋은' 교사가 되지 못했기 때문이지요. 그 사이 성구의 수식어는 더욱 구체적이 되었습니다. 성구는 이제 '아이들의 마음을 어루만지는 좋은' 사람이 되고 싶다고 했습니다. 그저 선생님이 되는 건 자신이 원하던 게 아니었습니다. 꿈에 대한 명사(교사)보다는 명사 앞에 붙은 수식어(아이들의 마음을 어루만지는, 좋은)가 성구의 가슴을 더욱 뛰게 했기 때문입니다. 앞의 수식어가 이뤄진다면 명사는 달라져도 좋았지요. 꿈이 '아이들의 마음을 어루만지는' 사람이 되어가니, 이제 성구는 과정도 참 행복하다고 합니다. 성구의 꿈은 그렇게 점점 선명해지고 있는 중입니다.

교사가 된 성구는 치과 의사가 된 친구 동현이를 만났습니다. 성구는 동현이가 꿈을 이루었기 때문에 행복할 거라 믿었습니다. 그런데 동현이는 하나도 좋지 않다고 했다네요. 좁은 공간에 갇혀 하루에도 수십 번씩 사람들의 벌린 입을 들여다보면 하루가 어떻게 가는지도 모른다고 합니다. 좋은 차, 좋은 집을 가졌지만 동현이는 즐겁지 않다네요. 사실 동현이는 사람들과 즐겁게 어울리며 요리하는 게 좋았대요. 그런데 부모님의 바람 때문에 의사를 직업으로 생각한 거지요. 그래서 의사가 되었어도 자꾸 불만만 생기고 그게 스트레스로 이어져 간호사들이나 환자들에게도 자주 화를 냈대요. 어느새 자신은 '불친절한' 의사가 되어 있다고 하네요. 요즘 점점 직업에 회의가 든다고요.

성구와 동현이의 이야기를 보니, 원하는 직업을 가져도 꿈이 이루어지는 건 아닌 것 같아요. 의사여도 '어떤' 의사가 되느냐가 더 중요한 것이지요. 후회하는 의사가 되는 건 꿈을 이루었다고 보기 힘들지 않겠어요? 좋은 의사, 친절한 의사, 봉사하는 의사, 웃음을 주는 의사 등. 의사로 사는 것에도 상당히 많은 수식어가 필요하네요.

우리 사회는 종종 꿈의 수식어를 잊거나 중요하게 생각하지 않지요. 하지만 이 수식어에 초점을 맞추다 보면 뒤의 명사(직업)는 저절로 따라오게 되는 일도 많습니다. 사실 꿈이나 진로에 대한 고민은 청소년들만 하는 것은 아니랍니다. 이것은 전 생애에 걸쳐 이루어지는 것이며, 평생 고민하고 생각해야 하는 것이지요. 그러므로 꿈은 내 삶의 가치와 맞물려 지속적으로 나를 발전시키는 역할을 해야 합니다. 꿈은 직업으로 찾기보다는 내가 살고 싶은 모습에서 찾아야 합니다. 그렇게 찾은 꿈은 내가 삶을 '어떻게' 살아갈지에 대한 지표가 되어줄 수 있습니다. 그래서 우리는 꿈의 수식어를 더 생각해봐야 하는 것이지요. 자, 그렇다면 멋진 직업을 가졌지만 삶의 가치를 찾아 다른 직종을 택한 사람들의 예를 한 번 살펴볼까요?

일본에서 큰 사건들을 주로 맡던 유명한 판사, 오카모도 겐은 정년퇴임까지 5년이 더 남은 시점에 퇴직을 했습니다. 36년간 재직한 판사직을 내려둔 것이지요. 그는 요리학원에서 손자뻘 되는 젊은이들과 함께 칼 쓰는 법과 양념을 만드는 법, 야채를 써는 방법부터 배웠답니다. 마침내 요리사 자격증을 따서 자신이 일하던 법원 앞에 두 평 남짓한 간이음식점을 내었다고 합니다. 그가 판사를 퇴직하고 요리를 배우게 된 이유는 간단합니다. 판사로서 남에게 죄를 정하고 벌을 주는 일이 싫었기 때문이지요. 그는 남은 시간만이라도 사람들을 기쁘게 하며 살고 싶었다고 합니다. 그의 꿈은 '남에게 기쁨을 주며 사는 것'이었던 거지요. 기쁨을 주는 사람이 그의 삶의 가치였고 직업 앞에 '기쁨을 주는 판사'라는 수식어를 달았을 때 자신의 꿈과 거리가 있다고 느낀 것이지요.

우리나라에서도 대학 교수가 농사꾼이 되고 동화작가가 된 분이 있습니다. '농사꾼 철학자' 윤구병 님이 그 분이지요. 1996년부터 교수를 그만두고 농사짓는 철학자이자 출판인으로 그림동화를 비롯해 청소년을 위한 철학책 등 백여 권에 달하는 저서를 집필한 아동 문학가이시지요. 윤구병 님은 삶터와 일터, 배움터가 하나인 '변산 공동체학교'를 설립해 아이들과 함께 지내고 있습니다. 이

분 역시 대학 교수란 직업이 자신의 꿈을 다 만족시킬 수 없어 다른 직업을 택했습니다. 이렇게 직업은 사회에 내가 할 구체적인 일이긴 하지만, 내 삶의 본질적인 지표 구실을 할 수 없습니다. 그러니까 직업보다는 어떤 사람이 될지, 꿈의 수식어부터 우선 적어 보세요.

우리는 이 사회에서 어떠한 일을 하고 싶습니까? 그 직업으로 어떠한 꿈을 펼치고 싶습니까? 그 직업을 통해 어떠한 비전과 보람을 찾고 싶나요? 그 직업으로 즐거움, 희망과 행복을 얻을 수 없다면, 그건 너무 불행한 삶일 것입니다. 그저 내가 하고 싶은 것을 찾기보다는 그 앞에 삶의 가치가 되는 수식어를 하나씩 놓아보세요. 꿈과 삶이 분리되지 않도록 말이에요. 그러다 보면 '내가 진짜 원하는 게 뭐지?'란 질문을 자꾸 묻게 되지요. 자신을 돌보고 꿈에 다가가기 위해 구체적인 계획을 세워 실천하는 사람은 그 꿈을 현실로 만들 수 있습니다.

이정숙 샘

05

어차피 스펙대로 살잖아요.
왜 꼭 꿈을 가지라는 건가요?
희망고문 같아요.

이 세상 사람들은 꿈을 꾸며 살아갑니다. 어떤 친구는 축구선수가 되기를 꿈꿉니다. 또 어떤 친구는 의사가 되겠다고 합니다. 자기가 원하는 직업을 가진 어른들은 어떨까요? 이미 자신의 꿈을 이룬 듯한 어른들도 꿈을 꿉니다. 만일 우리가 스펙대로만 산다고 한다면 이 어른들은 왜 꿈을 꾸는 걸까요? 우리 부모님은 어떨까요? 우리 부모님은 어떤 꿈을 꾸고 있나요?

인류를 구원할 거창한 꿈부터 내일 아침으로 근사한 허브차와 멋진 브런치를 먹고 싶다는 소박한 꿈까지, 우리의 꿈은 단 한 순간도 멈추어 있지 않습니다. 다소 경직된 우리 사회에서 어떤 사람은 꿈을 꾸어본 적이 없다고 단언하기도 합니다. 정해진 진로와 능력대로 살 뿐 꿈이 무슨 힘이 있냐고도 하지요. 하지만 이렇게 이미 꿈을 이룬 것 같은 이들조차 여전히 꿈을 꿉니다. 왜일까요? 꿈이란 건 우리가 내일을 살아가는 동력이 되기 때문입니다. 누구나 꿈을 꾸지만 잊고 살거나 모른 척하고 있을 뿐이지요.

꿈은 우리와 늘 함께하고 있습니다.

자기가 간절히 원하는 것을 이루었다 해도 우리는 계속 무언가를 꿈꿉니다. 선생님의 이야기를 해볼까요? 교사를 꿈꾸었던 저도, 선생님이 되고서 꿈을 이루었다고 가만있지 않습니다. 매일매일 작은 꿈을 꾸지요. 선생님은 세계의 사막을 여행하는 게 꿈입니다. 원시의 땅 사막! 왜 하필이면 사막이냐고 친구들은 궁금해 합니다. 누군가는 제 꿈을 쓸모없는 짓이라고 비웃기도 하지요. 하지만 선생님은 오랜 시간 그 꿈을 꾸며 준비도 해왔지요. 힘든 일이 닥쳐도 사막에 가는 상상을 하면 흥이 났습니다. 그 힘겨움을 이겨낼 에너지와 의욕이 생겼지요. 그리고 사막에 갈 준비를 마치자 선생님은 이집트의 모래사막을 향해 떠났답니다. 사실 이건 맛보기로 가이드와 함께 간 여행이었어요. 그래도 그 절절한 모래둔덕, 광활한 능선과 쏟아질 듯했던 커다랗고 선명한 하늘의 별빛들을 본 설렘은 몇 년 동안이나 선생님을 흥분시키고 두근거리게 했습니다.

선생님은 다음번엔 황량하고 척박한 땅 몽골의 고비사막을 가려 합니다. 일 년, 이 년을 넘게 돈을 모으고, 정보를 수집했습니다. 십여 년 전에는 그곳을 가기 위해 정비사 자격증을 공부하기도 했지요. 그곳은 사막이라 오랜 시간 차로 달리다 보면 차량이 도중에 고장 나기 쉽다는 이야기를 들었기 때문입니다. 아직은 고비 사막으로 떠나지 못했지만, 언젠가 그 꿈을 실현하고 싶습니다.

그리고 또 다른 꿈이 있어요. 나무를 만지는 걸 좋아해서 탁자와 의자를 직접 만들어 보고 싶습니다. 그래서 디자인도 해보고 공구도 사놓았지만 좁은 집에서 실행하기란 쉽지 않았습니다. 아직 간단한 의자도 못 만들었지만 꼭 근사한 탁자를 만들어볼 생각입니다.

세상에서 가장 중요한 일은 어떻게 하면 자기가 완전히 자기 자신의 주인이 될 수 있는지를 아는 것이다.

-몽테뉴

선생님은 이렇게 소소한 작은 꿈들을 매일 꿉니다. 스펙과 관계없이 오늘과 내일, 지금의 삶을 위해서 말이지요. 꿈은 꼭 거창하고 멋진 삶을 위해서만 있는 건 아닙니다. 일상에서 내가 하고픈 것을 이루려는 생각 속에서 꿈이 생겨납니다. 그리고 더 구체화됩니다. 그 꿈을 이루기 위해 하루하루 조금씩 준비도 하고, 귀찮은 것이어도 스스로 해내며, 공부도 하고 책도 삽니다. 이렇게 꿈은 내가 원하는 삶을 선택해 살아가는 멋진 동력이 됩니다.

우리가 어떤 꿈을 꾸느냐에 따라 우리의 행동과 생각은 달라질 수 있습니다. 꿈은 우리 삶의 지표가 되기도 하지요. 그래서 꿈을 꾼다는 것, 꿈을 갖는다는 것은 소중한 것이고 우리를 행복하게 만들며 삶을 아름답게 만듭니다. 《인간의 조건》으로 유명한 프랑스 작가 앙드레 말로는 "오랫동안 꿈을 그리는 사람은 마침내 그 꿈을 닮아간다"고 말합니다. 꿈을 꾸는 사람은 그 꿈을 위해 노력하기 때문에 점차 꿈을 닮게 되겠지요. 우리 주변에서도 꿈을 위해 노력하다 보면 꿈을 닮을 뿐 아니라 기적 같은 일이 일어나기도 합니다.

네 손가락만으로 연주하는 피아니스트 이희아 씨를 알고 있나요. 태어날 때부터 한 손에 손가락이 두 개밖에 없고 두 다리가 없는 지체부자유 1급 장애를 가지고 있지요. 게다가 낮은 지능으로 악보도 거의 읽지 못했다고 합니다. 하지만 그녀의 마음은 음악에 대한 꿈을 향해 있었어요. 그녀는 꿈을 향해 끊임없이 노력했고, 점차 인정을 받으며 국내외에서 많은 연주회를 여는 멋진 피아니스트가 되었습니다.

희아 씨는 장애를 극복하려는 많은 이에게 희망이 되었습니다. 그녀가 자신의 상황에 그저 젖어 피아니스트의 꿈을 포기하고 말았다면 그녀의 삶은 참담했을지도 모릅니다. 이렇듯 꿈은 사람이 살아가는 데 등불이 되어줍니다.

이희아 씨 이야기를 해주니 선생님을 찾아 온 가영이란 학생의 질문이 떠오르네요. 가영이는 이렇게 말했어요.

"선생님, 그분은 꿈이 뭔지 알고 또 꿈이 필요했나 봐요. 저는 꿈이 뭔지도 모르겠고 꿈꾸기도 싫어요."

"그래? 작은 소원 같은 거라도 있겠지."

"소원이요? 저는 좀 예뻤으면 좋겠어요. 쌍꺼풀 수술도 하고 턱도 좀 깎고 코도 높이고… 아, 키가 문제네. 키는 어떻게 하지요?"

우리 사회는 세상에 태어난 순간부터 남과 비교하고 끝없이 경쟁하는 삶을 강요당합니다. 얼굴, 키, 성적, 부모 직업, 능력 등. 늘 비교 당하느라 마음에도 없는 행동과 말을 하면서 살아가기도 합니다. 내가 아니라 남이 요구하는 모습으로 말이지요. 내가 원하는 모습대로 살 수는 없을까요? 그런데 온전한 내 것이 있습니다. 바로 내가 꾸는 꿈입니다. 아무도 건드리지 못하는 내 것. 그 꿈이 나를 행복하게 하기도 합니다. 그리고 삶을 내 의지대로 이끌게 합니다. 비교에서 벗어나게끔 하지요. 설령 그것을 위해 무언가를 포기하게 되더라도 그것을 각오할 용기와 의지도 줍니다. 그 꿈이 정말 내가 원하는 것이라면 말이지요.

사실 세상을 자신의 의지대로 살아가는 일은 쉽지 않습니다. 자신의 의지대로 사는 것을 '주체적인 삶'이라 합니다. 주체적으로 살아간다는 것은 어찌 보면 고집스럽다고도 할 수 있습니다. 그러나 주체적인 삶과 고집의 차이점은 분명히 있습니다. 주체적인 삶은 자신의 의지대로 한 일에 끝까지 스스로 책임을 질 수 있으나, 고집은 스스로 책임질 수 없지요.

《월든》이라는 책을 쓴 데이비드 소로를 아시나요? 남이 요구하는 내가 아닌, 내가 원하는 모습대로 산 소로. 월든 호숫가에 오두막을 짓고 자연을 벗 삼아 지내며 소박하지만 자유로운 삶을 산 자유인 데이비드 소로. 그는 남의 시선이나 관습에서 벗어나 자신만의 생각과 신념대로 주체적인 삶을 선택하였지요. 하루 네 시간 이상 일하지 않았고 공부와 휴식을 중시했지요. 일이 너무 많아지면 모든 걸 멈추고 여행을 떠나기도 했습니다.

매일 공부와 잔소리에 시달려야 하는 우리에게 그런 유유자적한 삶은 천국처럼 다가옵니다. 하지만 그가 나무하고만 이야기하며 세상과 단절하여 신선처럼 산 것은 아니랍니다. 그는 누구보다 자유롭고 자연친화적인 삶을 동경하며 실천했지만, 혼자만의 세계에 고립되지는 않았어요. 소로는 반전 운동, 노예제도 폐지 운동 등 다양한 사회활동을 하면서 사회에서 주체적인 역할을 했습니다. 사회의 악습과 억압에 계속 투쟁하며 월든 호숫가에서의 삶을 통해 자신의 생각을 증명해냈지요. 오늘의 우리는 자신을 잃고

일, 돈, 성공의 노예가 되어 가는데, 소로는 진정한 행복이란 자신이 원하는 방향을 향해 자유롭게 나아가는 것임을 일깨워줍니다. 자신만의 방식으로 행복하게 살면서도 사회의 일원으로서 최선을 다했기에 그의 삶은 매우 가치 있습니다.

소로의 주체적 삶이 멋지긴 한데 내가 받아들이기에는 너무 힘들다고요? 그럼 조앤 롤링의 이야기는 어때요? 그녀는 우리가 잘 아는 《해리포터》 시리즈의 저자이지요. 그녀는 어린 시절도 평탄치 않았고 커서 결혼한 이후에도 불행했습니다. 편부모에, 실업자 남편은 그녀를 폭행하기까지 했지요. 그녀는 특출한 재능도 없고 공부도 못했지요. 조앤의 유일한 낙은 어린 시절 자주 책을 읽어 준 어머니 덕분에 늘 상상의 나래를 펼칠 수 있다는 것이었습니다. 그녀의 어머니는 돌아가시기 직전까지 밝고 긍정적인 모습을 조앤에게 보여줬지요. 덕분에 그녀는 긍정적인 가치관과 따뜻한 사랑을 배웠다고 합니다.

조앤의 삶이 뭐가 주체적이냐고요? 글쎄요. 아주 평범하지만 자신이 지닌 것을 가꾸어 내보이는 용기가 아닐까요? 거창한 것들이 아니라도 나를 만족시키는 것에서 꿈을 찾아보세요. 그 꿈들이 나를 행복하게 만들고, 내가 원하는 삶으로 나를 이끌어줄 테니까요.

이정숙 샘

06

정말로 하고 싶은 건지,
불안해서 이 진로를 선택하는 건지
잘 모르겠어요.

꿈이 뚜렷하지도 않고, 사람들한테서 '여기 가라', '저기 가라', '저거 하면 돈 번다' 같은 소리를 들으면 제 꿈이 점차 흐려지는 것 같죠. 때로는 그냥 평범하고 안정된 직업을 갖고 싶기도 하구요. 그것도 아니면 돈이나 많이 버는 직업을 갖고 싶을지도 몰라요. 그리고 자기 선택에 후회가 없을까도 엄청 고민도 되죠. '이 선택이 나한테 잘 맞을지', '정말 하고 싶은 건지'가 여러 진로 고민 중에 가장 높은 비율을 차지한다고 해요.

요즘 같이 사회가 매우 빨리 바뀌는 때에 자기 진로를 선택하는 것 자체가 무리일지도 몰라요. 영어공부와 취직 준비에 매달리는 대학생들도 진로를 못 정하고 있습니다. 통계를 보아도 이러한 고민은 드러납니다. 최근 한 포털 회사의 설문조사를 보면 대학 4학년생 가운데 아직 진로를 못 정한 사람이 40.5%나 됐다고 해요. 무작정 취업 준비에만 매달리며 장래에 대한 불안을 달래는 청년들이 많다고 볼 수 있어요.

이런 시대적 불안감은 신문기사의 제목들을 봐도 알 수 있어요.

'착실히 준비했는데 돌아온 건 50번의 낙방'

'비정규직 취업자가 하는 일은 정규직과 비슷한데, 월급은 절반'

'토익 900점 위해 5년간 3000만원 넘게 써'

'취업만 된다면 얼굴에 칼 못 댈까요?'

'극으로 치닫는 청년실업'

'꿈과 현실이 다른 청년들'

기사 제목만 봐도 현실이 느껴지나요? 이런 현실에서 여러분
의 진로는 현실적인 조건이나 외적인 조건에 의해 결정되는 경우
가 많아요. 만약에 청소년 여러분에게 "너의 꿈이 뭐냐"고 물어보
면, 뭐라고 답하겠어요. 대부분 직업 명칭을 말하겠죠. 향후 진로
를 묻는 질문에도 역시 학과나 직업을 말하게 되요. 왜일까요?

꿈이란 실현되었으면 하는 바람이나 희망을 뜻하며 조금은 막
연하고 이상적인 면을 가지고 있지요. 반면 직업은 지극히 구체적
이고 현실적인 문제를 담고 있어요. 그런데 우리의 진로교육은 지
금의 어려운 사회 여건과 불확실한 미래 사회를 감안해, 꿈과 직업
을 동일하게 보고 실현가능성이 높은 진로 계획에 초점을 맞추지

요. 그러다 보니 정작 '하고 싶은 일' 찾기라는 꿈의 본질적 의미에서 '할 수 있는 일' 혹은 '할 만한 일' 아니면 '편안한 일' 찾기로 변질되어가는 것이지요.

사실 꿈의 또 다른 의미는 '실현 가능성이 거의 없는 헛된' 생각이나 바람이에요. 어쩌면 꿈의 본질은 불확실성과 막연함이라고도 할 수 있어요. 그러나 여러분은 꿈에 철저하게 현실적인 문제를 담아내려고 노력하지요. 실현 불가능한 꿈은 꾸지 않아요. 선생님은 여러분의 꿈이 꼭 직업이 아니었으면 해요. 남과 경쟁하여 이기는 꿈보다는 남과 달라지는 꿈을 꾸면 좋겠어요. 그것이 바로 탁월함에 이르는 길이라 생각해요. 경쟁에서 여러분은 쉽게 지치고, 남을 이기고 나서 자만에 빠지기도 해요. 그러나 탁월한 사람은 남을 이기려는 태도보다는 남과 달라지려고 노력하는 사람이 아닐까 싶어요. 어쩌면 사소한 궁금증에도 자신의 생각을 만들어가는 일이 꿈 찾기의 시작이 아닐까요?

이런 의미에서 여러분에게 존 고다드의 '꿈의 목록'을 소개할게요. 1944년 미국에 사는 한 소년이 있었어요. 소년은 할머니와 친척의 대화를 들었는데, 그들의 이야기는 "이것을 내가 젊었을 때 했더라면~"과 같은 후회였지요. 소년은 자신은 그런 후회를 하지 말아야겠다고 다짐했어요. 그러고 나서 연필과 종이를 꺼내 맨 위에 '내 꿈의 목록'이라고 쓰고 평생 하고 싶은 것, 가고 싶은 곳, 배우고 싶은 것을 기록했어요. 조금만 노력하면 가능한 것부터 불가능해 보이는 것들까지 127개의 목록을 완성했지요.

소년은 꿈의 목록을 항상 지니며 시간이 날 때마다 확인했어요. 목록에는 탐험할 장소(이집드의 나일강 등) 8곳, 원시문화 답사(중앙아프리카의 콩고 등) 12곳, 등반할 산(에베레스트 산 등) 16개, 배워야 할 것들(비행기 조종술 등) 4개, 사진 촬영할 것(브라질 이구아수 폭포 등) 6개, 수중탐험(미국 남부 플로리다의 산호 암초 지대 등) 6곳, 여행 장소(북극과 남극 등) 14곳, 수영할 장소(중미의 니카라과 호수 등) 5곳, 해낼 일(낙하산 타고 뛰어 내리기 등) 56개 등이 있었어요. 그는 꿈의 목록에서 가능한 것부터 하나씩 해나갔어요. 무엇 하나 쉽게 얻어지지는 않았어요. '1분에 50자 타이핑하기', '저서 한 권 갖기' 등은 오랫동안 습관을 들여야 하거나 구체적인 정보를 찾아야 했어요. 하지만 그는 마침내 1972년에 103가지를 완벽하게 실천해요. 그 해 유명한 잡지사인 〈라이프〉에 찾아가 꿈의 목록을 보여주었고, 잡지사는 그의 이야기를 기사로 쓰지요. 그 잡지는 역사상 최고의 판매부수를 기록했어요.

여러분도 존 고다드 씨처럼 꿈의 의미를 직업으로 한정하지 않고, 자신의 삶을 끝까지 책임지는 주도권을 가지길 바랍니다. 꿈찾기를 '무엇을 할 것인가'에 그치지 말고 '어떻게 살 것인가'의 문제로 확장하여 봤으면 좋겠어요. 저는 진로의 고민이란 바로 '삶을 진지하게 살겠다'는 태도라고 생각해요. 앞으로 어떤 선택이나 결정을 해도 자신이 선택하지 않은 길에 대한 아쉬움과 후회가 남기 마련이에요. 스스로 택한 길이라도 얼마나 노력하느냐에 따라 후회가 될 수 있고, 만족이 될 수도 있어요. 따라서 여러분의 선택이 후회가 되지 않도록 스스로 그 결정에 책임을 지고 노력하려는 진지한 삶의 자세를 가져야 할 것 같아요.

또한 지금 여러분이 평생 떠올릴 '단순한 질문' 하나를 만드는 것도 매우 의미 있답니다. 이게 무슨 이야기인지 어리둥절하지요? 자, 마크 쿨란스키의 《무엇-WHAT?》(알에이치코리아)이라는 책의 얘기를 해볼게요. 이 책은 한 문장도 빼놓지 않고 오로지 질문으로만 되어 있어요. 암만 봐도 희한한 책이지요. 작가는 "질문도 하지 않은 상태에서 어떻게 답변을 얻을 수 있는가?"라고 물어요. 틀린 말은 아니죠. 우리는 질문으로 삶의 길을 내며 앞으로 나아가야 해요. 질문을 하며 내가 누구이고, 무엇을 위해, 어디로 달려가고 있는지를 생각해볼 수 있어요. 여러분이 진로와 꿈에 대한 해답을 얻고자 한다면 그에 앞서 질문이 필요하지 않을까요? 질문도 없는데 답이 나왔다면 그 답을 불신해야 마땅하지 않을까요? 질문이 있어도 답을 얻지 못하는 이유는 무엇일까요? 쇼펜하우어가 생각한 것처럼, 답변을 얻지 못했다는 건 결국 잘못된 질문을 했다는 증거일 뿐일까요? 《무엇-WHAT?》의 마지막 장에는 인내심이란 단어가 등장합니다.

"우리가 질문에 대해 얼마나 많은 인내심을 가지고 있는가?"

정말 재치와 통찰이 번뜩이는 말이지요.

과연 내가 평생 던질 가장 단순한 질문은 무엇일까요?

'나는 누구인가?', '나는 어떻게 살 것인가?', '나는 무엇을 할 수 있는가?', '내가 진정으로 원하는 것은 무엇인가?', '나는 어디로 가는가?' 같은 가장 보편적인 질문들은 어떨까요? 삶을 더욱 진지하게 성찰하면서 무한한 가능성으로 자신의 존재를 입증해나갈 마중물이 되지 않을까요? 질문이라는 마중물을 부어 내 진로의 본질과 마주할 수 있었으면 좋겠어요. 세상과 나에 대해 애정과 호기심 어린 질문을 하며 살아가면 좋겠습니다. 질문은 삶의 길을 내고, 답변에 도달하는 가장 효과적인 방법입니다.

이 책의 마지막에는 간절하고 아름다운 선언문이 나옵니다. 라이너 마리아 릴케의 《젊은 시인에게 보내는 편지》에 등장하는 글이에요. 이 글이 꿈과 진로에 대한 답변을 찾는 데 분명한 선언문이 될 수 있을 듯해요.

"당신은 매우 젊고 아직 시작조차 하지 않았기 때문에 저는 최대한 강하게 당신에게 간청하는 바입니다. 선생, 부디 당신의 마음에서 해결되지 않은 모든 것을 인내하시고 '질문들 그 자체'를 마치 걸어 잠근 방들처럼, 마치 완전히 외국어로 저술된 책처럼 사랑하려 노력하십시오. 지금 답변을 찾으려 들지는 마셔야 하는데, 당신이 답변을 얻지 못하는 까닭은 당신이 그 '답변'에 따라 살 수 없기 때문입니다. 여기서의 핵심은 '모든 것'에 따라 살라는 것입니다. 지금 '질문에 따라 '살기' 바랍니다. 그러면 당신은 점차적으로 미처 깨닫지 못한 상태에서 언젠가 먼 훗날에, 살아가다가 답변과 마주할 날이 올 것입니다.

"정말로 하고 싶은 건지, 불안해서 이 진로를 선택하는 건지 사실 잘 모르겠어요." 하는 말 속에는 나중에 후회할까 두려워하는 마음도 있는 듯해요. 누구나 다 후회 없는 삶을 살고 싶어 하죠. 하지만 우리가 아무리 후회하고 싶지 않더라도 완전히 후회를 피할 수는 없어요. 카이스트 정재승 교수가 청춘콘서트에서 새내기 여대생이 "뭘 해야 후회 없는 스무 살을 보낼까요?"라는 질문에 이렇게 답해줬다고 하네요. 후회는 내가 한 선택과 하지 않은 선택을 머릿속으로 그리면서 비교하는 행위라고 설명하면서 "후회 없는 삶이란 저급한 뇌의 활동이다. 후회하는 삶만이 더 나은 선택을 한다. 능동적으로 후회하라"고 말이죠. 이 말처럼 후회는 필요한 것이에요. 닐 로즈가 쓴 《If의 심리학》(21세기북스)을 볼까요?

> "후회는 음식을 먹는 것만큼이나 건강한 삶을 위해 필수적인 것이다. 그리고 너무 지나치거나 모자라면 문제가 생긴다. 너무 후회가 많으면 과거를 극복해 미래로 전진하지 못하고, 너무 후회를 안 하고 자신의 감정 경험에서 오는 교훈을 계속 무시하면 비생산적인 행동을 고집하여 성장과 발전의 기회를 놓친다."

그는 후회가 일종의 사후 가정과 관련 있다고 말합니다. 사후 가정은 이미 일어난 사실에 대해 반대 상황을 가정하는 것이죠. 이처럼 후회는 앞으로의 '개선, 향상, 발전으로 가는 지름길'이라고 할 수 있어요. 그리고 실제 상황을 더 나쁜 상황과 비교함으로써 지금 상황을 좀 더 긍정적으로 느낄 수 있도록 해주기도 한대요. 이처럼 후회하는 일은 괴롭지만, 잘 이해하고 활용하면 스스로 더 나은 존재로 만들 수 있어요. 우리도 능동적으로 후회해볼까요?

김국태 샘

07

구질구질하게 살기 싫어요.
돈을 많이 벌고
안정적인 진로를 택해야
후회 없겠죠?

여러분의 이런 고민을 들으면 참 아쉽다는 생각이 들어요. 여러분의 현실이 책상 밖 세상에 대해 더 다양하게 구경할 시간이 부족하다는 것이 말이에요. 우리 사회는 너무 '돈, 부'라는 가치만을 치중해 보여주고 있답니다. 그렇기 때문에, 우리는 인생의 가장 중요한 조건을 '돈과 부'라고 생각하기 쉬워요. 하지만 인생에는 돈보다 더 중요한 가치들이 많다는 걸 꼭 이야기해주고 싶어요. 돈을 목표로 하는 꿈은 성과로만 삶의 가치를 따지기 때문에 쉽게 불행해질 수도 있어요. 그래서 건강한 삶을 위한 목표에서는 '무엇'보다 '어떻게'가 더 중요해지죠.

우리 사회의 직업관을 등산에 비유해볼까요? 이제까지 우리 사회는 오르는 산과 목표(정상)가 정해져 있었어요. 심지어 등산로까지 정해져 있는 상태였죠. 만약 그 산이 설악산이라고 해볼까요? 그렇다면 그동안은 모두 가장 짧은 설악산용 단거리 코스(돈, 부)를 통해 정상으로 향했어요. 그 코스에 맞추어 어느 지점까지는 걸어

가고 어느 지점까지는 절벽을 올랐어요. 다들 절벽을 오를 로프(등산용 밧줄)를 열심히 준비했는데 그 줄이 짧으면 결국 오르지 못하고 포기하는 수밖에 없었어요. 제일 빨리 '정상'에 올라야 한다는 목표만 있었으니까요. 우리 사회는 설악산을 왜 오르는지, 혹은 다른 길은 없는지에 대해서 고민하는 것을 중요하게 생각하지 않은 것이지요.

돈과 부, 안정은 우리 사회가 요구하는 대표적인 정상의 조건이기도 해요. 마치 정상만 밟으면 모든 것이 해결되고, 행복한 삶이 펼쳐질 것처럼 이야기하지요. 우리 사회는 지나치게 경직되어, 그 정상마저도 '단거리 코스'로만 밟기를 원하지요. 모두가 가는 '단거리 코스'가 아닌 다른 길로 가면 우려 섞인 말부터 꺼내지요. 마치 '낙오'라도 할 것 같다는 시선으로 보면서요.

하지만 정말 단거리 코스로만 정상을 밟아야만 행복한 삶이 펼쳐지는 걸까요? 정상을 밟지 않으면 어떻게 되는 걸까요? 어른들의 조언, 다양한 매체에서 알려주는 코스, 그리고 사회의 통념대로 가지 않고, 다른 길을 선택했다간 정말 '낙오'가 되는 걸까요? 만일 낙오가 된다면 그걸로 끝인 걸까요?

앞으로의 사회에서는 이 질문들이 매우 중요해질 것 같아요. '왜 오르는지, 다른 길은 없는지, 정상을 밟지 못하면 그걸로 끝인지'

에 대한 고민 말이지요. 어쩌면 산의 정상을 밟는 것보다 더 중요할지도 몰라요. 왜냐고요? 미래 사회에서는 '부, 안정적인 직업'이라는 정상의 가치가 흔들리기 시작했기 때문이에요.

최근 연구 결과 미국 대학교육을 2년 이상 받은 젊은이들은 평균 40년 동안 일하면서 최소 열한 번 이직한다고 합니다. 미국 근로자의 40%가 한 직장에서 2년 미만 일하고, 이십 대 중반의 젊은이가 10년 후에도 같은 직장에서 일할 확률은 20%도 안 된다고 하지요. 이 추세대로라면 앞으로 미국 사회는 거의 1~2년에 한 번꼴로 직업, 혹은 직장을 바꿔야 할지도 몰라요. 이것이 미국만의 이야기일까요? 우리 사회도 이미 평생직장의 개념은 없어진 지 오래지요. 다시 말해 돈이나 안정적인 직장을 목표로 하며 살기에는 미래 사회는 매우 변수가 많아요. '부와 안정'이라는 살기 편한 목표만 중시하다가는 결국 목표만 쫓다 지치는 생이 되어버릴 가능성도 크지요.

앞으로는 산 정상에 올라도 다시 내려와 다른 산에 올라야 하는 일도 생길 것입니다. 때에 따라 전보다 더 낮은 산에 올라야 하기도 하지요. 그럴 때 오로지 명문대와 인기 있는 직업만 바라보고 정상에 오른 친구들은 더 낮은 산으로 가는 걸 받아들이기 힘들 것입니다. 자존심이 허락하지 않는 경우가 많지요.

이제 단거리 코스만을 향하는 것보다 다른 길로 돌아갈 줄 아는 사람, 굳이 정상에 오르지 않아도 산에 오르는 과정의 즐거움을 아는 사람, 정상에 올랐어도 바로 내려와 다른 산에 오를 수 있는 '유연한 사람'이 더 성공한 삶을 살게 될 거에요. 삶의 다른 길을 즐길 줄 알고, 혹 잘못 선택했더라도 그 과정 자체를 즐기기에 크게 타격을 입지 않는 사람 말이지요. 다시 말해, 정상이 아닌, 정상을 오르는 과정을 즐기는 자세가 더욱 중요해진다는 뜻이지요.

김수환 추기경에 대한 책 중 《무엇이 될까보다 어떻게 살까를 꿈꿔라》라는 책이 있어요. 이 책 역시 과정에 초점을 맞추는 삶을 말하지요. 김수환 추기경도 원래 꿈은 신부님이 아니라 돈을 많이 버는 상인이었대요. 하지만 가족이나 선생님과 오랜 대화 끝에 신부가 되었고 한국천주교의 최고 지도자인 추기경이 되셨죠. 하지만 김수환 추기경은 한 번도 추기경이라는 '무엇'이 되려고 하지 않았대요. 늘 '어떻게' 살까를 중요하게 생각하며, 가장 어려운 사람들을 위해서 사셨지요. 그 삶의 과정에서 바로 추기경이라는 결실이 나온 거고요.

자, 다시 고민에 초점을 맞춰볼까요? 여러분에게 돈과 안정이 진로의 절대적인 기준이 되기는 어려운 이유는 또 있어요. 돈과 안정보다 훨씬 나를 행복하게 해주는 가치가 있기 때문입니다. 이 이

모두가 가는 길이 아닌 다른 길로 가면
우리 섞인 말부터 꺼내지요.

마치 '낙오'라도 할 것 같다는
시선으로 보면서요.

야기를 위해서는 방송인 김어준 씨 이야기를 해줘야겠네요. 김어준 씨는 매 순간 자신이 제일 좋아하는 일을 하면서 살려고 한다고 해요.

이십 대 때는 배낭여행 차 파리 오페라 대로변을 어슬렁거리다가 느닷없이 쇼윈도 속 양복 한 벌이 그의 시야에 꽂혔대요. 양복을 가져본 적도, 그러고 싶었던 적도 없던 그였지만 그 옷에 한눈에 매료되었대요. 무턱대고 매장에 들어가 옷부터 걸쳐 봤대요. 가격을 확인해 보니 백만 원 남짓이었지요. 당시 남은 여행 예산의 전부가 딱 그 돈이었답니다. 그는 그 옷을 사지 말아야 할 이유가 백만 가지가 넘었지만 오 분 정도 고민하고 결국 샀대요. 그날부터 김어준 씨는 4주 내내 백만 원짜리 양복에 꼬질꼬질한 반팔 티셔츠를 받쳐 입고 배낭을 멘 채 공원 벤치에서 잤대요. 그 양복을 사면 노숙을 해야 하고 비상 라면으로 연명해야 하지만, 그가 옷 한 벌에 그렇게 즐거워한 적이 없었기에 미래는 생각하지 않고 그 옷을 샀대요. 돈과 안정을 추구했다면 절대 선택할 수 없는 결정이었지요.

하지만 그는 그 선택에 대해 "지금, 바로, 이 순간의 고유한 기쁨은 이 순간이 지나면 같은 형태와 정도로 다시는 돌아올 수 없는 거 아닌가. 누릴 수 있을 때 그 맥시멈을 누려야 하는 거 아닐까.

불안한 미래는 아직 닥치지 않았으니 내가 맞서면 되는 거 아닌가. 그러게. 맞다. 그래서 벌떡 일어나, 샀다."라고 말해요. 자, 그러면 그 이후 김어준 씨의 여행은 어떻게 되었을까요?

김어준 씨는 로마로 이동해 근처 펜션에 가서 손님 세 명을 데리고 오면 그 방에 자기도 공짜로 재워 달라고 제안했대요. 그리고 다섯 명 이상 데려 오면 한 사람 추가분부터 얼마씩 돈을 달라고 했대요. 이 터무니없는 제안이 과연 소용이 있었을까요? 놀랍게도 김어준 씨는 그날 한 시간 내에 손님을 삼십 명 데리고 왔답니다. 이유는요? 그가 고급 양복을 입었기 때문이었죠. 손님들은 종업원이 고급 양복을 입을 정도이면 그 숙소는 굉장히 멋질 거리고 생각하여 그를 따라왔던 거예요. 돈과 안정이 아닌, 자신만의 가치를 택한 김어준 씨의 여행이 더 멋지게 흘러간 것은 당연한 결과가 아닐까요? 자신만의 행복, 자신만의 가치를 선택하게 되면 삶에 더욱 적극적인 자세가 될 수밖에 없어요. 그 적극적인 자세가 삶을 더 긍정적으로 만들어가는 가장 큰 힘이 된답니다. 안정적인 직업이나, 돈보다 훨씬 더 말이지요.

08

우리나라에서 살기 싫어요.
다들 똑같은 인생만 살잖아요.
외국으로 가고 싶어요.

텔레비전에 나오는 외국을 보면 외국 사람들은 다양한 삶을 사는 것 같은 생각이 들지요. 우리가 전혀 생각하지도 못한 분야에서도 활발히 활동하고요. 성공하는 모습도 다채로워 보이지요. 때로는 새로운 분야를 만들어 내서 선구자가 되기도 하고요. 그 모습이 왠지 화려하게도 느껴집니다. 그러다가 우리 주변을 보면 다들 똑같은 인생만 사는 것 같이 느껴져요. 왠지 시시해 보이기도 하구요.

그런데 말이죠. 그건 어쩌면 우리네 삶을 좀 더 자세하게 들여다보지 않았기 때문인지도 몰라요. 만일 똑같은 인생을 살고 싶지 않아서 외국에 나가고 싶다면, 외국에 나가기에 앞서, 우리나라의 삶을 한 번 더 자세히 들여다볼 필요가 있어요. 우리나라에서도 똑같은 인생만 살지 않는 방법이 있는지 먼저 알아보고 나서 외국에 나가도 늦지는 않을 테니까요. 이렇게 이야기하는 것은 선생님 역시 우리 친구와 같은 고민을 했기 때문이에요.

우리는 사실 자기 주위의 사람들 말고는 다른 사람의 삶이나 직업을 볼 기회가 별로 없습니다. 예전에는 더 했지요. 제가 고등학교를 졸업할 때만 해도 주변 사람들의 직업이 거의 똑같았습니다. 친구 중에 아버지 직업이 변호사인 친구만이 특출한 직업에 속했어요. 주변에서 보아온 직업 중 가장 보람이 있을 것 같고, 사람을 좋아하는 제 성격에도 맞을 것 같은 직업이 바로 교사였지요. 그래서 저는 선생님을 진로로 택했습니다. 그런데 고등학교를 졸업하고 나서 더 폭넓은 시야로 보니 세상에는 정말 다양한 직업이 있고, 다채로운 삶이 있다는 걸 깨달았어요.

인천에서 나고 자란 저는 십 대 시절 다양한 직업과 삶이 있다는 것을 몰랐어요. 제 주변에서는 어느 정도 성공하면 다들 서울로 가서 터를 잡았거든요. 인천에 남아 있는 사람들은 직업이 거의 비슷했지요. 대부분 중소기업을 다니는 직장인, 공무원, 교사, 자영업자들이었어요. 그래서 저는 다들 비슷한 방식의 삶만 존재하는 줄 알았지요. 대학에 들어와 전과 다른 친구들을 사귀고, 다른 의견을 듣고 나니 저의 관심사는 그전보다 훨씬 폭넓어졌습니다. 신기하게도 폭넓어진 관심만큼 다양한 직업과 삶이 눈에 들어오기 시작했어요. 런던대학교에서 석사학위를 받을 때도 또 한 번 그것을 실감했어요. 먼 타지에서 공부하고 있는데, 오히려 한국에서 들려오는 소식에서 저는 더 다양한 가능성을 느꼈어요.

분명한 것은 여러분의 생각보다 훨씬 다양한 직업과 삶이 우리 주변에도 있다는 거예요. 단지 대부분의 사람들은 그런 사람을 볼 기회가 많지 않을 뿐이죠. 하지만 기회는 자신의 적극적인 자세로 충분히 얻을 수 있습니다. 인터넷으로 다양한 직업군에 대한 정보도 쉽게 얻을 수 있고, 궁금한 직업군에 속한 사람들에게 전자메일 등으로 궁금한 점을 질문해볼 수도 있지요. 적극적으로 다른 사람의 삶과 경험을 살피려는 자세만 있다면, 그들과 직접 만나 이야기해볼 기회도 얻을 수 있을 거예요.

그리고 외국에서 살더라도 주위 사람들은 다 똑같은 인생을 사는 것처럼 보여요. 저 역시 새로움을 기대하며 유학을 떠났지만, 도리어 외국에서 사람들이 살아가는 방식에는 비슷한 점이 많다는 것을 느꼈지요. 다만 외국은 우리나라보다 고용이 더욱 불안정하여 직업이 자주 바뀝니다. 우리나라도 산업 구조가 고도화되면 직업을 자주 바꿔야 할 시기가 올 거랍니다. 한편 서양은 개인주의가 강해요. 회사에서 일하고 다섯 시에 퇴근하여 집에서 가족과 시간을 보내지요. 대부분 맞벌이 생활을 하지만 주택 월세와 식비를 내고 나면 생활이 빠듯합니다. 그들도 그저 일 년에 한 번 정도 온 가족이 휴가를 가는 낙으로 산다고 말하죠. 하지만 그렇게 어렵게

여러분의 생각보다
　　훨씬 다양한 직업과 삶이
우리 주변에도 있다는 거예요.

살아도 직업을 바꿀 때에는 국가에서 직업훈련비가 일정 부분 나오고 자녀교육에 들어가는 돈이 거의 없어요. 은퇴했을 때 연금이 보장되어 있지요. 이런 사회적 여건이 다르며, 대부분의 영역에서는 외국 사람들도 다 똑같이 산답니다. 오히려 제가 한국에 있었을 때 겪은 이야기를 하면 그들이 매우 새롭다며 더 재미있게 듣지요.

혹시 막연히 외국에 나가고 싶은 바람이 지금의 현실을 마주하기 싫은 마음에서 시작된 것은 아닌지도 한번 짚어봐야 해요. 만약 단순히 우리나라의 현실이 싫어서 도망치고 싶은 마음에 외국에 간다면, 외국에서는 더한 현실이 기다리고 있을 수 있다는 걸 알아야 합니다.

만약 우리가 외국에서 평범한 삶을 산다면 인종차별을 당하는 상황도 감수해야 해요. 글로벌 시대가 되었어도 아직까지 외국 식당에서 식사할 때 현지인과 다른 대접을 받는 경우가 더 많은 것이 사실입니다. 제가 겪은 한 가지 예를 들어볼까요? 패스트푸드점에서 차별당하는 경험을 한 적이 있어요. 주스를 주문하면 일부러 못 알아들은 척해서 주문표에 나와 있는 번호까지 이야기해주었어요. 아마도 동양인이 흔한 콜라를 주문하지 않고 주스를 주문하니까 유별나다 싶었던 것 같아요. 그럴 때 저는 가끔 이런 말을 들어야 했어요. "나는 너의 영어를 이해할 수 없다." 다분히 차별의 의

도가 섞인 말이었지요. 그 말을 듣고 정말 기분이 나쁠 경우 저는 다음과 같이 말했지요. "그러면 나의 독특한 억양의 영어를 이해할 수 있는 너의 매니저를 불러 달라." 그제야 점원이 고압적인 자세를 풀었던 경우가 꽤 많았답니다. 이러한 인종 차별이 느껴지는 상황은 식당은 물론이고 슈퍼마켓, 대중교통 등 일상생활에서도 많이 일어나요. 특히 상대방이 다문화에 대한 인식이 떨어지는 경우에는 더하지요.

하지만 이러한 차별에도 불구하고 한국에서 불가능한 삶을 외국에서 실현한 좋은 사례도 있어요. 여성 파일럿 조은정 씨가 그 예이죠. 산업 디자인을 전공한 그녀는 졸업하기 전까지는 문구 디자인 전문가가 되고 싶었대요. 하지만 졸업할 즈음 건축 디자인에 관심이 생겨 무작정 일본으로 유학을 떠났대요. 조은정 씨는 일본의 한 신용카드 회사 고객서비스 담당부서에서 계약직으로 일하며 학비와 생활비를 벌었습니다. 온종일 일본 고객들을 상대한 덕에 일본어 실력은 하루가 다르게 늘었다고 해요. 이 재능을 살려야겠다고 생각한 그녀는 국제 호텔에서 근무하는 '호텔리어'가 되기로 결심했대요. 그리고 나서 서울 시내 모든 특급호텔에 이력서를 냈고, 일 년 만에 힐튼호텔에 입사했습니다.

그런데 호텔 일은 조은정 씨에게 큰 만족감을 주지 못했대요.

호텔리어로 삼 년 동안 열심히 일했지만 기대만큼의 재미를 느끼지 못했던 거지요. 그러던 어느 날 호텔 로비에서 한 외국인 여성 기장을 마주하게 됩니다. 그리고 그날 이후 조은정 씨의 인생은 송두리째 뒤바뀌지요.

그날의 이야기를 한번 들어볼까요? 조은정 씨는 체크인 업무를 보다가 오십 대로 보이는 한 여성 파일럿이 두 명의 남성 부기장을 거느리고 호텔 정문을 들어서는 모습을 봅니다. 그 순간 자신도 모르게 심장이 벌렁벌렁 뛰었대요. 그 길로 그녀는 '파일럿'이 되기로 결심합니다. 그 여자 기장에게 물어보니 아버지가 공군에서 근무해서 공군비행장 비행클럽에 들어가 비행을 배우고 경력을 쌓아 기장까지 되었다고 했대요. 그런데 당시 한국 항공사의 채용 기준은 나이 만 스물아홉, 시력은 양쪽 모두 1.5 이상이었어요. 그때 조은정 씨의 나이는 이미 스물아홉 살이었고 시력도 0.8이었는데 말이지요.

결국 우리나라에서는 파일럿이 되기 힘들었던 거지요. 조은정 씨는 일단 한국에서 비행 훈련을 받기로 결심했어요. 그런데 한국 비행교육원은 그녀를 받아주지 않았지요. 그녀는 포기하지 않고 미국 공군비행장에서 비행훈련을 받는 자격을 얻기 위해 세 번의 시도 끝에 주한 미 대사관에 입사했대요. 토머스 허버드 대사 부부의 비서로 일하며 오산에 위치한 미공군부대 에어로 클럽에서 비행훈련을 받았지요. 그곳에서 일 년간 경비행기 조종을 배웠고 2004년에는 미국 델타항공 비행교육원으로 유학을 가 전문 파일럿 교육을 받습니다. 교관 자격증도 취득했고요.

박봉의 교관으로 일하던 중 그녀에게 새로운 제안이 찾아옵니다. 때마침 항공 산업이 급성장하던 중국은 교관이 부족했고, 그녀에게 중국의 스카웃 제안이 온 것이지요. 미국에서 항공 공부를 마친 조은정 씨는 겨울이면 영하 40도까지 떨어지는 네이멍구 바오터우의 한 항공학교에서 중국인들을 가르치게 되지요. 2007년 성실하게 교관 업무를 해내는 그녀를 보고 해당 학교의 고문은 신생 항공사인 지상항공에 조은정 씨를 추천합니다. 서른다섯 살에 지상항공의 부기장이 된 조은정 씨는 파일럿으로서 현재까지 4,000시간 이상 비행 기록해가고 있습니다.

조은정 씨는 무려 일본, 미국, 중국 등을 누비며 자신의 꿈을 실현했지요. 하지만 무턱대고 외국으로 나간 것이 아니라 우리나라에서 할 수 있는 준비를 최대한 갖춰서 하나하나 해결해 나갔죠. 최종적으로 나이와 시력을 극복하는 방법도 미공군비행장에서 해결했고요.

그녀처럼 외국에서의 삶을 강하게 실행해 나가려면 강한 동기와 목표가 있어야 합니다. 난관을 극복할 단단한 자세도 갖춰야 하지요. 똑같은 삶이 싫다는 생각만으로는 부족해요. 내가 강렬하게 원하는 삶을 찾아서여야만 해요.

우리 주변의 인생이 비슷해보여도, 조금만 눈을 돌려보면 나의 꿈을 펼칠 곳이 많이 있습니다. 만약 정히 우리나라에서 꿈을 펼칠 수 없다면 외국을 선택해야겠지요. 그래도 조은정 기장처럼 여기서 기본적인 것을 갖추고 외국에 나간다면 시간이나 비용에서 크게 절약이 된답니다. 그러니 바로 지금 여기서 꿈을 향한 걸음을 시작해보았으면 해요.

Part three

그 꿈은
내게 너무 멀리 있어요

내 꿈 앞에 놓인 걸림돌과
고민들에 대한 이야기

01

입시, 취직, 결혼,
삶의 관문을 통과하는 것들이
전부 다 스트레스예요.

"오 계절이여, 오 성(城)이여!

상처 없는 영혼이 어디 있으랴?"

　샘이 고등학교 때 좋아한 시의 한 구절이에요. 프랑스 상징주의의 대표 시인 '랭보'의 평전을 읽다가 이 시를 알았지요. 이 시를 쓴 '랭보'는 천재 시인이지만 불행한 삶을 살았어요. 어렸을 때 아버지는 가출하고, 어머니로 인해 억압적인 생활을 한 랭보는 모범생으로 자라납니다. 그러다가 차츰 반항아로 변하여 열여섯 살에는 스스로 학업을 포기하고, 삼 년 동안 가출과 방황을 거듭하며 시를 씁니다. 열여덟 살에 어머니에게로 돌아가 지금까지의 생활을 청산한 것이라 할 수 있는 아주 긴 산문시 《지옥의 계절》을 쓰게 되지요. 샘이 좋아하는 구절은 그중 '굶주림' 편에 실린 시의 한 구절이에요. 랭보는 열아홉 살 때 절필한 후 더 이상 시를 쓰지 않아요. 그리고 여러 일을 전전하며 방랑생활을 하다 암에 걸려 한 쪽 다리를 잃고 죽음에 이릅니다. 죽음까지 불행했지요. 하지만 랭보의 시는 불행한 자신의 삶에서 길어 올린 아름다운 언어들로 빛나고 있답니다.

샘은 힘들 때면 이 구절을 혼자 읊조리곤 했답니다. 그러면 왠지 위로가 되었어요. '사람은 누구나 아프구나. 세상에 힘든 사람이 나 혼자만은 아니구나.'라는 생각이 들었거든요. 샘이 힘들 때 위로받은 글귀가 또 하나 있어요.

'이것 또한 지나가리라(This Too Shall Pass Away).'

미국의 여류 시인 랜터 윌슨 스미스(Lanta Wilson Smith)의 시 제목이기도 하지요. 이 글귀의 어원으로 전해지는 이야기가 있어요. 페르시아의 한 왕이 신하들로 하여금 자신이 승리에 도취되어 있을 때 자만하지 않고, 슬픔에 빠졌을 때 용기를 얻을 수 있는 글귀를 만들어 오라고 했대요. 신하들은 고심 끝에 '이것 또한 지나가리라'라는 글귀를 만들어 반지에 새겨 왕에게 바쳤다고 해요.

이 글귀는 아마 여러분도 많이 들어봤을 거예요. 아무리 힘든 일도, 즐거움도 결국은 다 지나간다는 얘기죠. 그런데 이 글귀는 대부분 힘들 때 떠올리게 돼요. 고통은 빨리 지나가길 바라지만 기쁨은 지나가길 바라지 않기 때문이겠죠? 우리는 살다가 고통스런 상황을 만나면, 마치 이것이 영원히 이어질 것 같은 두려움에 모든 걸 놓아버리고, 도망가고 싶어지지요. 하지만 모든 고통은 지나가게 되어 있고, 지나고 보면 별 게 아니었구나 생각되는 일도 많아요. 여러분도 힘들 때면 이 글귀를 되뇌어보세요.

샘의 삶은 참 우여곡절이 많았답니다. 그중 샘의 학창시절 이야기를 좀 해볼게요. 샘이 중3 때 부모님의 사업 실패로 가정형편이 어려워졌어요. 부모님은 따로 지방에서 일하면서 가끔씩 집에 오셨죠. 샘은 오빠, 남동생과 함께 셋이서만 살았어요. 생활비를 받아 집안 살림도 책임져야 했지요. 어려운 형편인지라 가스레인지도, 세탁기도, 전기밥솥도 없었어요. 어려서부터 몸이 약했던 샘은 갑자기 살림을 도맡게 되어 너무나 힘들었답니다. 남들처럼 마음껏 놀 수도, 공부할 수도 없었어요. 고등학교 때는 사춘기가 찾아와서 비관적인 생각들도 많이 했답니다. 아픈 몸, 가정 형편, 집안 분위기, 사춘기의 불안한 정서……. 모든 것이 샘을 우울하고 힘들게 했어요. 극단적인 생각에도 많이 휩싸였지요.

대학에 가서도 상황은 별로 나아지지 않았어요. 대학 1학년 2학기에는 등록금이 없어 휴학을 했어요. 그러고는 장학금을 받을 수 있는 대학에 다시 입학해야겠다는 생각에 공부를 시작했지만 곧 포기하고 말았어요. 목표 의식이 약해서였는지 입시 공부의 의미를 찾기 힘들었거든요. 그 후 돈을 벌기 위해 다양한 일을 했지요. 공장에서 일한 적도 있고, 학습지 세일즈를 한 적도 있었어요. 또 가게 점원으로 일하기도 했지요. 그러고는 다시 대학에 가야겠다고 결심한 뒤 그동안 번 돈으로 복학을 했어요. 복학하고 나서도 계속 아르바이트를 하느라 늘 바쁘고 힘들게 살았답니다.

만일 힘들었던 순간에 샘이 포기하고 되는 대로 살았으면 지금 어떻게 되었을까요? 그랬다면 교사도 못 되고, 어쩌면 전혀 원하지 않는 삶을 살고 있을지도 모르지요. 샘의 삶은 참 힘겹고 고달팠지만, 지금 돌이켜보면 그때의 고난들은 샘을 강하게 단련시켜 줬습니다. 다양한 경험은 샘을 성장시켰고요. 교사가 되어 사회에 나왔을 때 샘은 어떤 일도 자신 있게 할 수 있었거든요.

인생을 말할 때 '산 넘어 산'이라는 표현을 써요. 인생은 매 순간 산을 오르고 내려가고 또 오르는, 고통과 행복, 슬픔과 기쁨의 반복일 거예요. 그 과정에서 사람은 성숙해지는 것이겠죠. 산을 오를 때에는 힘들지만 정상에서 먼 곳을 바라보며 섰을 때의 기쁨은 아주 크답니다. 또 산을 내려올 때도 말로 표현할 수 없는 즐거움이 기다리고 있습니다. 산의 품에 숨어 있는 계곡의 아름다움을 맛보고 바람, 공기, 나무 등 자연의 신비로움을 느끼지요. 내리막길의 평안함이 지나고 나면 또 다시 산을 오르는 고통이 기다리고 있겠죠. 이 모든 것들이 어우러져 인생을 이룹니다. 사람만 그런 건 아니에요. 나비는 애벌레인 채 긴 시간을 견뎌내고 아름다운 나비가 됩니다. 나비가 되고 나서는 어떨까요? 나비로 살기 위해 천적을 피해 다니고, 개구쟁이의 손길도 피하며, 꿀을 찾아다니는 삶을 살아야 해요. 삶을 끝내지 않는 한 어쩔 수 없이 반복되는 일일 거예요.

입시라는 큰 짐을 지고 있는 여러분은 지금 정말 힘들 거예요. 하지만 삶의 힘겨움은 모든 사람에게, 모든 단계마다 있답니다. 천재 물리학자 아이슈타인도 낙제를 한 적이 있고, 발명왕 에디슨도 초등학교 중퇴에 청각 장애까지 있었어요. 그렇다면 끝없이 반복되는 힘겨운 삶을 어떻게 살아나가야 하는 걸까요?

우선 부정적인 생각을 버려야 해요. 부정적 사고방식은 모든 것을 더 힘들게 합니다. 항상 좋은 쪽을 바라보고, 긍정적 마인드를 가지려 노력해야 해요. 산다는 건 고달프기도 하지만 또 행복하기도 한 것이니까요. 샘이 그랬듯이, "모두 다 힘들다…… 이것도 지나갈 것이다…….''라고 자신을 위로하면서, 늘 밝은 생각을 하려고 노력해보세요.

그리고 자신만의 꿈을 가져야 해요. 꿈을 이룸으로써 지금의 고통을 보상받을 수 있으니까요. 그렇다면 꿈을 이루고 난 후에는 어떻게 될까요? 그 다음엔 또 다른 꿈이 그 뒤를 잇고 있을 거예요. 샘은 자신이 원하는 삶을 사는 것이 바로 꿈이라고 본답니다. 그래서 꿈은 하나가 아니라 여럿이라고 생각해요. 원하는 직업, 행복한 결혼 생활, 좋은 부모, 인간다운 삶 등이 모두 꿈이 될 수 있어요. 평생의 꿈도 있겠지만, 올해 이루고 싶은 꿈도 있을 수 있죠. 자신이 원하는 것은 모두 꿈이 될 수 있을 거예요. 그리고 그 꿈을 이루는 기쁨은 힘겨운 우리의 삶을 달콤하게 만들어주기도 하고, 위로해주기도 합니다.

또 아무리 힘들어도 포기하거나 회피해서는 안 돼요. 시인 로버트 프로스트는 "그곳을 빠져나가는 최선의 방법은 그곳을 거쳐 가는 것이다"라고 말했다고 해요. 힘들다고 아무것도 하고 있지 않다면 그 상황을 벗어날 수 있을까요? 지금 사막에 있다면 쉬지 않고 걸어가야 하고, 바다 한가운데 있다면 열심히 노를 저어야 해요. 힘든 상황을 벗어나기 위해 최선을 다해 자신의 돌파구를 찾아내려는 노력이 필요해요.

그런데 누구나 겪고 있는 일인데도 유독 자신이 더 힘겨운 것 같다면 자신의 내면을 들여다보세요. 그것은 아마도 최고가 되고픈 욕망, 또는 남들보다 앞서 나가고 싶은 욕망 때문이 아닐까요?

남들보다 앞에 서려고 경쟁하면서 늘 비교하다 보니, 행복의 기준이 자기가 아닌 남이 되는 거죠. 행복하기 위해서는 자신만의 이야기를 채워나가는 삶을 찾아야 해요. 세상의 가치나 타인의 가치에서 벗어나 자신의 진정한 가치를 찾기 위해 노력해야 해요.

헤르만 헤세의 소설 《데미안》에는 학창시절 샘에게 많은 생각을 던진 글귀가 나옵니다.

"새는 알을 깨고 나온다. 알은 세계다. 태어나려는 자는 하나의 세계를 파괴하지 않으면 안 된다."

새로운 존재로 태어나기 위해서는 지금 자신을 둘러싼 세계를 깨뜨리는 용기와 도전이 필요합니다. 그리고 자신을 감싼 세계를 깨고 나오는 건 결국 '태어나려는 자' 스스로여야 합니다. 그러기 위해 자신을 둘러싼 세계가 무엇인지, 자신을 가두고 새롭게 태어나는 것을 방해하는 것은 무엇인지, 진정한 자기 탐구가 필요합니다. 인생이 힘들다고 해서 절망감이나 무기력이라는 세계에 숨어, 자신의 진정한 모습을 잊은 채 날기를 포기하고 있는 건 아닌지 생각해봐야겠죠.

샘이 좋아하는 영화 중에 '포레스트 검프'라는 영화가 있어요.

IQ 75로 지능이 낮고 다리마저 불편한 포레스트의 인생을 담은 영화지요. 친구들에게 바보 취급을 받으며 괴롭힘을 당하다 도망치던 포레스트는 달리기에 소질을 보여요. 그리고 오로지 달리기 하나로 인생의 성공을 거두죠. 하지만 달리기를 잘한 것이 그의 성공 비결이었을까요? 포레스트는 비록 부족한 자신이지만, 자신이 할 수 있는 것을 최선을 다합니다. 그리고 주어진 것을 긍정적으로 받아들입니다. 또한 누구보다도 순수하고 정직하게 자신의 삶을 살아내죠. 그럼으로써 자신의 부족함과 수많은 역경을 이겨내고, 자신의 인생을 개척해 나갔던 거예요. 그의 성공 비결은 바로 그것입니다. 쉬지 않고 앞을 향해 달려 나가는 포레스트의 모습이 어찌나 아름답게 느껴졌던지, 아직도 샘의 기억에 선명하게 그 장면이 남아 있답니다.

포레스트를 헌신적으로 사랑한 어머니의 임종 장면 명대사는 아주 유명합니다.

검프 부인   신께서 네게 주신 걸로 최선을 다해 살거라.

포레스트   제 운명이 뭐예요, 엄마?

검프 부인   너 스스로 알아내야 하는 것이란다. 인생은 초콜
           릿 상자와 같은 거란다. 포레스트. 열기 전까지는

뭘 집을지 알 수 없어.

이 대사는 불확실한 인생에서 결국 자신의 선택이 무엇보다 중요함을 말하는 게 아닐까요? 자신이 가치 있다고 생각하는 것을 찾아 선택하고, 그것을 위해 지금 이 순간 최선을 다하는 것. 그것이 인생의 힘겨움을 이겨내고 제대로 사는 방법이 아닐까요.

나무는 겨울의 혹독한 추위를 이겨낸 증표로 아름다운 나이테를 만들어냅니다. 800도와 1300도의 뜨거운 가마에서 두 번이나 구워져야 신비로운 푸른빛 청자가 탄생한답니다. 이렇게 이 세상의 모든 것들은 고통과 시련을 견뎌내야 아름다운 결과를 가져옵니다. 옹이 없는 나무는 없습니다. 사람의 삶 또한 온통 상처투성이입니다. 그러나 잘 치유된 상처는 삶에 소중한 경험이 됩니다. 나무에 상처가 나면 옹이가 생기듯 사람의 상처에도 굳은살이 생깁니다. 세상의 모든 존재들은 고통을 이겨내면서 성숙해진다는 것을 잊지 말았으면 합니다.

김진숙 샘

02

부모님이 반대하는 길이면
다시 생각해야겠지요?

이제는 아주 유명해진 직업 십계명이 있어요. 경남 거창 고등학교 강당에 걸려 있는 글귀라고 해요. 자꾸 곱씹다 보면 의미를 새길 수 있는데 처음 들을 때는 뜬금없다는 생각부터 들 거예요.

_ 월급이 적은 쪽을 택하라.

_ 내가 원하는 곳이 아니라 나를 필요로 하는 곳을 택하라.

_ 승진의 기회가 거의 없는 곳을 택하라.

_ 모든 것이 갖추어진 곳을 피하고 처음부터 시작해야 하는 황무지를 택하라.

_ 앞을 다투어 모여드는 곳은 절대 가지 마라. 아무도 가지 않는 곳으로 가라.

_ 장래성이 전혀 없다고 생각되는 곳으로 가라.

_ 사회적 존경 같은 건 바라볼 수 없는 곳으로 가라.

_ 한가운데가 아니라 가장자리로 가라.

_부모나 아내나 약혼자가 결사반대를 하는 곳이면 틀림없
다. 의심치 말고 가라.

_왕관이 아니라 단두대가 기다리고 있는 곳으로 가라.

구구절절 기존의 생각을 뒤엎는 파격적인 발상이 돋보이지요.
헌데 다른 계명들은 다 명령어로 되어 있는데 아홉 번째 계명은
'부모가 결사반대하는 곳'으로 가면 '틀림없다'고 먼저 못을 박아 놓
고 있어요. 왜 그랬을까요? 어떤 부모도 자녀들이 모험하는 것을
달가워하지 않아요. 어릴 적부터 안전한 길로만 안내해왔을 테고
앞으로도 장애물이 없는 곳으로 가기를 원하겠죠. 하지만 거창고
등학교를 세운 전영창 선생님 생각은 달랐어요. 그 선생님은 미국
에서 공부하고 돌아와 대학에 높은 자리를 제안받기도 했대요. 그
걸 마다하고 당시, 저 멀리 시골구석이었던 경상남도 거창으로 찾
아 들어갔어요. 아마도 전영창 선생님을 키운 아버님도 선생님의
선택을 마뜩치 않아 했을지도 몰라요. 저마다 출세만 쫓던 시절인
데 그런 시류와 다른 길을 가려면 뚜렷한 소신이 있었겠죠. 지금도
거창고등학교 교정을 지키는 선생님 동상에는 선생님의 삶을 이
렇게 써놓았어요.

불의 앞에서는 맹수보다 더하고

일신의 고난 앞에선 위대한 노예로 순진했던 이!

님은 살아생전에 우리에게 빛과 소금이었고

죽어선 한 알의 밀알로 이 땅에 묻히시다.

전영창 선생님은 스스로 자신의 길을 개척해 어떤 학교라야 진정한 교육이 가능한지를 보여주셨어요. 세상이 가는 길과 다른 가치를 품고 있었기에 가능한 일이예요. 여러분이 가려는 길을 부모님이 반대하실 때는 미덥지 않은 구석이 있어서일 거예요. 그럼 우선 스스로를 돌아보는 일부터 해야겠죠. 나는 과연 내가 가려는 길에 얼마만한 의지가 있는가? 그 의지가 부모님께 확신을 줄 만하면 부모님과 대화해볼 수 있지 않을까요? 세상에는 부모의 뜻을 존중하며 살아서 의미를 찾은 경우도 있지만 그 반대도 많거든요.

만델라는 2013년 전 세계인을 울리며 세상을 떠났어요. '마하트마가 간디에게 붙여진 존경의 표현이라면 '마디바'란 칭호는 만델라에게 바친 남아공 국민들의 존경 표현이죠. '존경받는 어른 혹은 지도자'라는 뜻이래요. 이제 그는 전 지구인들이 배워야 할 위대한 삶으로 추앙받고 있어요. 하지만 그 위대한 삶도 부모 뜻을 거스르는 데서 출발했다면 믿어지나요?

만델라는 청년 시절 집안의 뜻을 어기고 도망길에 오릅니다. 1918년 그는 족장의 집안에서 태어났기에 양아버지가 정해준 사람과 결혼하고 족장이 되어야 했어요. 하지만 만델라는 그 길을 따르지 않았어요. 집을 나와 요하네스버그로 가면서 그의 삶이 뒤바뀌지요. 아프리카민족회의(ANC)와 만나 적극적으로 활동하면서 만델라는 지도자로 성장해요.

남아공은 인종차별 정책이 심했던 국가였어요. 만델라는 '아파르트헤이트'라는 악명 높은 흑백 인종차별 정책에 반기를 들고 투쟁하다 감옥에 갇히며 세계인의 주목을 받게 되요. 무려 27년간 수감 생활을 하면서도 의지를 꺾지 않아 인류의 양심을 상징하는 인물이 되죠. 감옥에서 풀려 난 이후에도 흑백으로 갈린 남아프리카공화국을 통합하려고 진심을 다해 노력해요. 영화 '인빅터스'에 그 과정이 생생하게 담겨 있습니다. 인빅터스(Invictus)는 라틴어로 '정복되지 않는다'라는 뜻이에요.

남아프리카공화국은 럭비가 국민 스포츠로 인기가 높답니다. 대통령이 된 만델라는 남아공과 영국의 경기에서 남아공 흑인들이 남아공 대표인 백인 선수가 아닌, 영국 편을 드는 것을 보고 충격을 받아요. 만델라는 백인들로 이뤄진 국가대표에게 럭비월드컵에서 우승해 달라고 부탁합니다. 백인 스포츠로 여겨진 럭비를 흑인

대통령이 응원하면서 흑인과 백인은 남아공 국민으로서 하나가 되지요. 그 과정을 담아낸 영화 '인빅터스'는 만델라가 감옥에서 즐겨 읊었던 시의 제목이기도 해요. 다리가 절단되는 고통을 극복한 영국 시인 윌리엄 헨리의 작품인데, 마지막 구절은 다음과 같아요.

나는 내 운명의 주인이며 내 영혼의 선장이다.

만델라가 자기 운명의 주인으로 살아 인류의 스승이 되었다면 우리도 못할 건 없어요. 자신의 의지만 확고하다면 부모님께 말씀드릴 수 있을 거예요.

"제 몫으로 주어진 삶이라는 배는 제가 끌고 갈 겁니다. 이 배를 주신 건 부모님이지만 항해는 제 몫이니까요."

부모님과 대화를 나누는 것은 생각보다 어려운 일이 될 수도 있어요. 부모님의 생각이 쉽게 변하지 않을 것 같다는 두려움도 있겠죠. 그렇다 해도 자신의 마음이 낭떠러지에 내몰릴 정도로 절박하다면 더 외면하지 말고 대화를 시도해봐야 해요. 부모님과 대화하기에 앞서 자신의 의견을 잘 전하기 위한 준비도 꼼꼼히 해야 하고요.

우선, 세상이 어떻게 변하는지에 관심을 기울여 봐야 해요. 지금 전 세계에 있는 직업은 13만 6천개 가량 된대요. 우리나라 직업의 경우 전부 11,655개라고 하네요.(고용노동부와 한국고용정보원이 발간한 '한국직업사전(2012년판)' 참고) 새로 생기는 직종도 많지만 사라지는 직업도 꽤 있을 거예요. 부모님이 원하는 직업으로는 공무원, 교사, 의사가 늘 상위를 차지해요. 안정적인 직업이라는 장점 때문이겠죠.

하지만 미래학자들은 정반대로 예측하고 있어요. '노동의 종말'을 말하는 이도 있고 교사나 교수 같은 직종이 오래가지 못할 거라고도 하죠. 심지어는 지금 직업의 절반 이상이 20년 내에 사라질 거라고 진단하는 이도 있어요. 직업의 판도가 바뀌는 속도는 시간이 갈수록 가속도가 붙는다는 의견들을 내놓지요. 그렇다면 부모 세대가 경험한 과거에 기대어 미래를 판단하는 건 매우 맞지 않을 가능성이 높겠죠. 새로 태어날 세대는 수명도 길어져 인생 이모작 정도가 아니라 오모작, 십모작을 준비해야 할지도 모르죠. 안정적인 직업의 장점이 별 소용없어진다는 이야기입니다.

기업체에서 신입사원을 뽑는 방식도 변하고 있어요. 길거리 캐스팅은 연예계에만 있지 않아요. 현대자동차에서 인사 업무를 맡은 직원들은 새벽에 첫 버스를 타요. 첫 차를 타는 학생들은 일단 성실할 테니까요. 버스에서 눈여겨본 학생들에게 다가가 이야기를 걸어 보는 거예요. 도서관에서 아르바이트를 하느라 졸린 눈을 비비며 나온 학생도 채용하고, 근처 커피숍에서 학비를 벌고 훗날 자기 사업을 하겠다는 학생도 캐스팅을 합니다. 물론 취업 의사를 밝힌 학생들을 모아 별도의 심층 면접과정을 거치지요. 왜 이렇게 직원을 채용할까요? 바로 시험 점수에는 나타나지 않는 다양한 자질을 살필 수 있기 때문이에요. 앞으로는 이런 실험적 방식이 늘어날 가능성이 높아요. 미래 사회에 적응할 인재를 과거의 획일적 잣대로만 잴 수 없으니까요. 대학생들이 선망하는 어느 대기업 인사담당자는 이렇게 말해요.

"조직이 성공적으로, 창의적으로 가려면 다양한 스펙과 다양한 경험과 다양한 인재들이 모여야 한다고 생각하기 때문에, 채용 방식도 다양한 경험을 가진 인재를 뽑기 위한 방식으로 변화하고 있습니다."

다양한 경험을 해본 사람은 다양한 가치와 만나게 되요. 내 생각과 다른 생각을 지닌 사람과도 잘 어울릴 수 있지요. 남의 시선을 의식해 끌려 다니는 게 아니라 자신의 눈으로 본 세상을 자기 방식으로 살아가지요. 삶은 자신과 대화하면서 타인을 받아들이는 과정의 되풀이라고도 할 수 있어요. 군이 외형적인 조건에 매달려 자신이 추구해야 할 가치를 놓칠 필요는 없겠죠.

그래도 뭔가 생각 정리가 안 된다면 여러분께 소설《풀빵이 어때서?》를 권하고 싶네요. 붕어빵을 구우며 평생을 살아온 아버지는 아들에게 가업을 이어받아 붕어빵을 굽기를 원해요. 아들은 아버지의 붕어빵보다 일본 타꼬야끼에 빠져 있어요. 아버지가 원하는 길과 아들이 가려는 길이 갈리지만 둘은 서로 경쟁하듯 유쾌하게 살아가요. 번듯한 학력이나 사회적 명예와는 상관없이 일 자체를 즐기며 최선을 다하며 살지요. 아버지는 끊임없이 아들에게 붕어빵의 길로 돌아오라고 해요. 아들은 아버지를 놀리기도 하고 맞서기도 하면서 자신의 길을 꿋꿋하게 가요. 감각적이고 감칠맛이 나는 대사와 빠른 전개가 돋보이는 이 소설은 결말까지 의미심장해요. 아버지가 붕어빵 명인으로 방송 프로그램에 나가게 되요. 일본에서 건너온 타꼬야끼 명인과 한일 간 자존심을 건 맛 대결을 펼치게 되죠. 하지만 한일 대결이 부자 대결로 바뀌게 되는데, 나머지는 직접 읽어 보세요. 아버지는 아들을, 아들은 아버지의 세계를 이해하면서 끝나는데, 읽어 보지 않고서는 제 맛을 느낄 수 없으니까요. 직업과 진로, 아버지와 아들, 요즘 젊은이들이 당면한 고민까지 잘 버무려진 소설이라는 점만 말할게요. 여러분 자신을, 부모님을 새롭게 돌아볼 수 있다면 완벽한 해답까지는 아니더라도 힌트는 찾을 수 있지 않을까요?

임병구 샘

03

사교적이지 않은데,
제 성격과 진로가 잘 맞을지
고민입니다.

이 고민은 제가 고등학교 때 했던 고민과 같아요.

"난 교사가 되고 싶은데 내성적이고, 수줍음이 많고, 사교적이지 못해. 이런 성격으로 아이들을 잘 가르칠 수 있을까?"

내향적인 성격이었던 저는 여러 사람 앞에 서는 교사라는 직업을 잘할 수 있을지 걱정이 많았거든요. 저 같이 내향적인 사람들은 외향적인 사람들에 비해 자신을 표현하는 데 소극적이기 때문에 상대적으로 직업을 선택할 때 고민도, 걱정도 많아요.

직업을 선택할 때 이런 고민은 성격만이 아니라, 성별 때문에도 생깁니다. 제가 초등학교 교사를 하려고 할 때 "남자가 무슨 초등학교 선생이냐?" 하는 소리를 주변에서 많이 들었어요. 요즘도 여성에게 맞는 직업과 남성에 맞는 직업이 따로 있다는 인식은 여전합니다. 흔한 말로 '여자 직업은 교사가 최고야'라는 고정된 성역할 인식을 가진 부모님들도 많아요. 그래서 선생님은 성격에 대한 고민과 성별에 대한 고민을 함께 이야기해보고자 해요.

직업, 진로를 준비하면서 성별에 영향을 받는 것이 우리 사회의 불편한 현실이라고 지적하는 분이 많이 있더군요. 초등학생을 대상으로 한 조사를 보면 여학생이 선호하는 직업은 교육계 · 예술계 · 의약계에 집중된 반면, 남학생이 선호하는 직업은 좀 더 다양했습니다. 여성에게 맞는 직업이 따로 있다는 인식 때문에 여학생들의 진로 다양성이 떨어진다고 볼 수 있어요.

반면 남자아이들에게도 '남자다움'에 대한 고정관념이 있어요. 항상 학교에서 혼나고 벌서는 아이들도 대부분 남자들이고, 여자아이들에 비해 대체로 늦고, 산만하고, 스릴을 즐기며, 호기심이 많다는 식의 몇 가지를 '남성성'이라 이름 붙이지요. '남자아이들은 어쩔 수 없어' 식의 반응도 보이고, 강한 남성의 문화를 강요하여 '남자는 눈물을 흘려서는 안 돼' 같은 태도도 만연해 있습니다. 어찌 보면 남성의 주류 문화가 오히려 많은 남자아이들을 힘들게 하지요. 남자다워야 한다는 고정관념 때문에 힘들어 하는 친구들이 많이 있거든요.

이처럼 성별에 따른 고정관념은 진로를 고민할 때 꼭 뛰어넘어야 할 인식임은 틀림없어요. 여성들이 사회의 영향력 있는 위치에서 활약하고, 남성들도 고정관념에 맞서 자기 내면에 맞게 진로를 행복하게 결정하려면 말이죠. 여성이 우주인이 되고, 남성도 앙

드레 김 같은 디자이너가 되는 시대에 너무도 당연한 이야기 같나요? 하지만 실제로 진로를 선택할 때 이 성별에 대한 고민이 꽤 크게 작용한답니다. 그러니 성별과 관계없이 스스로 자기 삶에 온갖 가능성이 열려 있다는 믿음을 지녀야 할 것 같아요.

성격 역시 직업과 정말 밀접하고 지대한 영향을 미친다고들 해요. 단적인 예로 진로 탐색을 위한 다양한 심리검사들이 넘쳐나는 것을 보면 알 수 있어요. 크게 흥미검사, 적성검사, 성격검사, 가치관검사 등이 있어요. 우리는 개개인의 독특한 성향이나 성격 등을 측정하는 검사에 매우 관심이 많지요. 사람의 성격이 근무 환경이나 직무 적응과 같은 측면에 영향을 미칠 수 있기 때문이에요. 예를 들어, 조용하고 내향적인 학생들은 사람들을 상대하며 물건을 파는 영업직은 잘 맞지 않을 수 있어요. 사무 분야가 더 잘 맞을 수 있지요. 반대로 매우 활동적이고 외향적인 학생은 사무실에 앉아서 차분하게 일하는 것보다 적극적으로 사람을 만나서 소통하는 일이 더 잘 맞을 수 있겠죠.

구체적인 성격검사로는 초등학생부터 중학교 3학년까지 받는 MMTIC 성격유형검사, 중학교 3학년부터 성인들이 받는 MBTI 검사(한국심리검사연구소), 에니어그램유형검사(한국에니어그램교육연구소) 등이 있어요. 진로 선택을 위해 만든 검사들은 아니지만, 자신의 진로와 직업을 찾는 데 도움을 받을 수는 있을 듯해요. 하지만 성격검사가 의미 있는 정보를 줄 수는 있지만, 그 결과에 모두 의존해 진로나 직업을 선택해서는 안 된답니다. 심리검사 결과는 진로 탐색의 참고자료에 불과할 뿐이에요. 여러분은 자신의 정체성을 찾아가는 시기라서 성격검사를 할 때마다 결과가 조금씩 다르게 나오기도 하니까요.

최근에 '심리검사의 홍수'라 할 정도로 심리검사들이 넘쳐나요. 수많은 사람들이 자신의 타고난 적성과 성격을 파악하기 위해 많은 시간과 돈을 들인다는 뜻이에요. 하지만 공들인 만큼의 성과를 얻지 못하는 경우가 대부분입니다. 왜일까요? 선생님 생각에는, 우리가 사는 현실에는 그렇게 특별한 적성이나 성격을 뚜렷이 요구하는 직업이 많지 않기 때문인 것 같아요. 대부분의 직업에는 다양한 적성과 성격을 가진 사람들이 모여 있습니다.

예를 들어, 제가 근무하는 초등학교의 교사들을 한번 살펴볼까요? 내성적이고 꼼꼼한 김선생, 활동적이나 덜렁대는 이선생, 자신만 아는 이기적인 임선생, 의협심과 정의감에 불타는 이선생, 언어 능력이 좋아 말을 잘하는 박선생 등. 우리 학교에는 다양한 성격의 소유자들이 함께 모여 일하지요. 이 모든 사람들에게는 일하는 데 있어 적성이나 성격이 크게 영향을 주지는 않아요. 게다가

루스벨트 대통령, 앨 고어, 워런 버핏, 간디...

이들은 내성적임에도 '불구하고'가 아니라
내성적인 '덕분에' 위대한 과업을 이루었어요.

대부분 자기만의 생존전략을 가지고 있지요.

자신의 부족한 부분을 성실함으로 채워하는 사람, 아니면 다른 사람과의 협업으로 해결하는 사람 등 나름의 방식으로 부족함을 채웁니다. 외향적인 선생님은 교실에서 활발하게 수업을 이끄는 장점을 보이고, 내향적인 선생님은 아이들의 이야기에 귀 기울이고 공감하며 학생들과 관계를 맺는 데 장점을 보이지요. 그렇기 때문에 단지 성격 특성만으로 교사의 적합성을 판단할 수는 없어요. 이처럼 평범한 직장생활에서는 개인의 성격이 직업에 큰 의미를 갖기 힘들어요. 어떤 직업이든지 다양한 성격의 사람들이 함께 어울려 일한다고 보면 더 맞을 것 같아요.

그러니 이제 성격 문제로 진로를 고민하거나 포기하지는 말았으면 해요. 그보다 저는 여러분이 성격에 대한 편견을 가지고 있는 것은 아닐까 하는 것이 더 걱정되는군요. 우리 사회에서 내성적인 성격은 외향적인 성격보다 더 낮게 평가하는 경향이 있어요. 그래서 자신의 내성적인 성격을 부정적으로 받아들이고 자신감도 떨어지기 쉽지요. 저 역시 그런 생각을 많이 했거든요. 혹시 내향적인 친구들은 자신의 성격을 말할 때, 풍성한 내면세계에 대해 이야기하지 않고, 항상 '사교적이지 않다' 같이 외향적인 자질이 부족하다는 측면만 이야기하게 되지는 않나요? 이런 성격에 대한 편견 때문에 진로나 직업을 결정할 때, 더더욱 망설이게 되고 자신감에 대한 고민도 커지게 되는 것이죠.

성격 심리학에서는 내향성과 외향성이 원래 상호보완적인 측면으로 함께 존재하는 성격이라고 이야기해요. 하지만 우리는 외향적인 사람들을 더 이상적인 성격으로 판단하고, 성공하려면 더 대담해야 하고 사교적이어야 한다고 생각해요. 사실 저 같은 교사들도 외향적인 성향의 학생들을 이상적으로 여기는 경우가 많아요. 발표와 자기 주장도 활발하고, 친구들 사이에서 사교적으로 지내기 때문이지요. 그룹 학습의 리더로도 항상 주도권을 가지며, 자신감이 넘치는 아이들을 선호하고요. 그런 분위기에 내향적인 학생들은 일종의 정신적 고통을 받기도 해요. 수줍음이 많은 아이들은 학교든 가정에서든 "자기표현 좀 하라"고 재촉을 받으면서 '내가 본질적으로 어딘가 잘못되었구나.'란 생각을 하게 되는 것이지요.

여러분이 혹시 내향적인 성격이라면 자신의 풍성한 내면세계에 대해 다시금 바라봤으면 좋겠어요. 수잔 케인이 지은 《콰이어트》(알에이치코리아)라는 책에 보면, 성격 심리학에서 동의하는 내향성의 다양한 정의들이 나와 있어요. 그중 몇 가지만 간단하게 말해볼게요.

"내향적인 사람들은 매우 섬세해요. 조금 느리고 신중하게 일해요. 내향적인 사람이라고 반드시 수줍음을 많이 타지는 않아요. 생각과 느낌이라는 내면세계에 끌려요. 가까운 친구, 가까운 동료, 가족에게 에너지를 집중해요. 말하기보다는 듣고, 말하기 전에 생각하고, 말보다는 글로 자신을 표현하는 것이 낫다고 생각해요. 갈등을 싫어하는 편이예요. 수다는 두려워하지만 깊이 있는 논의는 즐겨요. 한 번에 한 가지에만 집중하기를 좋아하여 집중력도 대단히 좋은 편이예요. 돈과 명예에 잘 넘어가지 않아요. 사색을 좋아하는 성향이 있어요."

내향성도 이처럼 다채로운 성격입니다. 이제 '사교적이지 못하다'라는 한정된 정의에서 벗어나 내향적인 성격을 있는 그대로 받아들이며 장점을 키우는 자세로 보는 건 어떨까요? 내향적인 성격은 심리적 결함이 아니라 심리적인 특별함으로 생각하는 자세가 필요해요. 상황에 따라 내향적인 면이 장점이 될 수 있다는 점을 알았으면 좋겠고요. 이제 진로 상담이나 직업 선택할 때, "저는 사교적이지 못해서"라는 말보다는 "저는 신중하고 다른 사람의 말을 잘 들어주니까"라는 생각을 해보는 건 어떨까요?

186 ...

덧붙일게요! ▶ ▶ ▶

인류의 위대한 사상 '진화론', 위대한 예술작품인 반 고흐의 '해바라기', 위대한 발명품인 개인용 컴퓨터까지, 수많은 것들이 사교적이지 못한 사람들에게서 탄생했습니다. 《콰이어트》라는 책을 보면, 내향적인 사람이 없었다면 세상에 다음과 같은 것들은 없었을 것이라고 하네요. 중력의 법칙(아이작 뉴턴), 상대성의 법칙(아인슈타인), 《피터 팬》(J. M. 배리), 《찰리 브라운》(찰스 슐츠), 〈쉰들러 리스트〉, 〈ET〉(스티븐 스필버그), 구글(래리 페이지), 《해리포터》(J. K. 롤링). 그리고 위대한 도약을 이루어낸 주인공들도 내향적인 사람들이었다고 해요. 루스벨트, 앨 고어, 워런 버핏, 간디, 이들은 내향적임에도 '불구하고'가 아니라 내향성 '덕분에' 여러 분야에서 특정한 일을 달성했다고 해요.

김국태 샘

04

주변의 기대가 정말 커요.
그런데 제 마음은
다른 꿈을 향해 있어요.

주변의 기대는 놀라운 힘을 가지고 있습니다. 주변의 기대는 동력이 되어 나를 단련시키는 힘이 되기도 하지요. 원래의 나라면 멈추었을 단계에서 한 단계 도약하게 만들기도 합니다. 하지만, 기대가 가진 그 힘은 때로는 나를 옥죄기도 합니다. 기대와 내 안의 욕망이 다르다면 말이에요. 여러분이 어떤 성격이건 주변의 기대를 저버리는 것은 쉽지 않은 행동입니다. 특히나 그 전까지 주위에서 거는 기대에 부응하는 삶을 살아왔다면 더더욱요. 그래서 모범생이거나 어떤 방면에 특출한 재능이 있는 학생들이 이런 고민을 더욱 심각하게 하기도 해요. 가족들, 선생님, 친구들까지. 자신을 제외한 모든 인물들이 한목소리로 자신의 생각을 부정하니까요.

하지만 언제까지 내면의 소리를 외면할 수 있을까요. 어쩌면 내가 뭘 위해서 이렇게 공부하고, 매달리는가 하는 생각에 홀로 괴로워할지도 몰라요. 기대를 저버리기 힘들어 열심히 공부하지만 가족, 친척, 선생님, 주변 사람들에게 실망을 줄까 봐 두려운 마음 때문에 하는 거라서 편치 않습니다. 계속 누군가를 의식하게 되고, 칭찬받게 행동해야 될 것 같은 느낌 때문에 숨이 막히기도 하지요. 이런 친구들이 우리나라에는 매우 많이 있습니다. 청소년의 진로 고민 중에서 가장 많은 부분을 차지하고도 있지요.

혹시 라캉의 이야기를 들어본 적이 있나요 정신분석에 기호학적 접근을 시도한 프랑스 작가인 라캉은 "인간은 타자의 욕망을 욕망한다"는 말을 했어요. 제가 가르치는 초등학생들에게 이 말을 적용해보면 "아이는 엄마의 욕망을 욕망한다."고 할 수 있겠네요. 쉽게 말해 아이는 엄마를 만족시키려고, 엄마가 원하는 것을 자신도 원하게 된다는 뜻이에요. 제가 가르치는 초등학생들에게 시험을 잘 보고 싶은 이유를 물어보면, 대부분 "엄마를 기쁘게 해드리려고요!"라고 말해요. 내가 원하는 것은 바로 엄마가 원하는 것이죠. 어린 시절 누구나 거치는 과정일 거예요.

예전에 텔레비전에서 본 한 초등학교 5학년 학생의 인터뷰가 떠올라요. 부모 손에 이끌려 학원에 온 아이들 가운데 한 학생에게 공부를 열심히 하는 이유를 물었더니 "엄마가 과학고등학교를 나와서 의사가 되래요."라고 말하더군요. 아이의 대답에서 의사가 되는 주체는 '나'가 아니라 '엄마'처럼 느껴졌습니다. 물론 초등학생뿐만 아니라 중고등학생 심지어 대학생들까지도 그들의 목표와 욕망의 대부분이 부모에게서 나온다고 볼 수도 있습니다. 혹시 이런 말을 많이 듣지 않았나요?

"나도 서울대를 가고도 남을 실력이 있었다. 하지만 가정형편이 어려워 목표를 이룰 수 없었다. 너는 할 수 있어. 공부를 위해서라면 너에게 어떤 지원도 아끼지 않겠다."

많은 부모들이 이런 탄식을 앞세워 자녀들에게 자신의 기대를 표현합니다. 여러분은 은연중에 부모의 기대를 그대로 모방하게 되지요. 그런데 분명히 알아두어야 할 것이 있습니다. 사실 부모님들의 욕망도 따지고 보면 오롯이 부모 자신의 것은 아니라는 점입니다.

'엄친아'라는 말도 아시죠? 여러 차례 우리의 기를 누르는 '엄마 친구 아들' 말입니다. 어쩌면 여러분의 진학을 고민하는 부모의 머릿속을 지배하는 것은 친구나 이웃의 공부 잘하는 아이일지 모릅니다. 이런 엄친아의 이야기가 부모의 욕망에 불을 지피지요. 저도 "우리 애는 공부에 관심이 없어서~"라고 무심한 척하지만 마음속으로는 안타까움이 항상 들거든요. 한마디로 타자인 이웃이 없으면 욕망도 없을 것입니다. 우리 인간들은 타자의 욕망으로부터 자유로울 수는 없어요. 여러분이 외면하기 힘들어하는 부모의 욕망조차 온전히 부모의 것이 아닐 수 있습니다. 그러니 그 기대를 저어버리기 힘들어 정작 중요한 자신의 욕망을 외면하는 선택은 하지 말아야겠지요.

아마 여기까지 자신이 성장한 데 주변의 기대와 응원이 매우 큰 역할을 했을 겁니다. 그래서 그 기대를 저어버리기 힘든 것이고요. 부모(집안)와의 관계, 선생님과의 관계, 혹은 기대주로 성장하게 된 단체와의 관계 등이 있을 텐데, 자신의 선택이 그 관계를 깨는 것만 같아 겁도 날 거에요. 일종의 배신감이 들지 않을까 걱정되기도 하겠지요. 하지만 자기 자신의 마음을 배신하는 것보다 더 큰 배신이 있을까요? 우리는 타자의 욕망을 욕망하지만, 결국 그 인생을 이끌어가는 주체는 나 자신입니다. 나 자신을 배신하지 않기 위해 용기를 내야 합니다. 여러분이 사랑하는 주변 사람들에게 자신의 욕망을 진실하게 이야기할 용기 말이지요.

거꾸로, 주변 사람들이 여러분에게 어떤 심정으로 기대하는지를 한번 생각해보는 것도 좋을 것 같아요. 여러분을 향한 기대에는 그들의 사랑이 들어가 있습니다. 예컨대 부모님의 경우, 자신들이 겪은 어려움을 여러분이 겪지 않기를 바랍니다. 여러분이 사회에 나와서도 어려움을 겪지 않고 편안하게 살기를 바라지요. 선생님 역시 여러분이 더 좋은 위치에서 꿈을 펼치고 행복하게 살기를 바랍니다. 그러다 보니 좋은 곳에 취업하고, 그것을 위해 좋은 대학에 가라고 기대합니다.

이런 심정과 기대가 얼마나 여러분에게 위력적인지는 우리나라의 대학 진학률을 보면 알 수 있어요. 우리나라의 대학진학률은 88%에 달합니다. 전 세계에 유례없는 고학력으로, 우리나라보다 국민소득, 행복지수, 삶의 질이 훨씬 높은 유럽조차 평균 대학진학율이 20%를 밑도는데 말이에요. 실제로 수얼이라는 학자는 부모와 선생 같이 '의미 있는 타인'에게서 받은 격려와 고무가 직업적 포부를 높일 수 있다는 연구 결과를 발표한 적이 있어요.

여기서 반드시 기억해야 할 것은 이 격려와 기대가 '그들의 사랑'에서 출발한다는 것입니다. 여러분을 아끼고 사랑하는 마음에서 여러분에게 더 큰 기대를 걸게 되는 것이지요. 하지만, 이들의 긍정적인 기대가 여러분에게는 일방적인 권위로 느껴지기도 해요. 왜 그럴까요? 그것은 어떻게 보면 관계의 문제이기도 해요.

상대방의 진정한 속뜻을 받아들이기에는 여러분이 아직 어리고, 마찬가지로, 주변 사람들(특히 부모님) 역시 자신의 마음을 전하는 데 미숙할 수 있습니다. 사실 저도 아이들을 가르치는 교사이지만 내 자식에게는 감정적으로 대응하는 경우도 많이 있거든요. 우리 반 아이들에게는 긍정적인 모습을 찾아 격려하려고 애를 쓰지만 내 자식에게는 오히려 부정적인 모습에 집착하여 고쳐주려고 하게 되요. 부모 자식 간은 일반적인 관계를 넘어서 긴밀한 애착관계를 맺고 있기 때문이지요.

그렇기 때문에 '여러분의 길 찾기'에 중요한 것은 부모의 기대보다는 부모와의 관계입니다. 그 관계가 얼마나 긴밀하느냐에 따라 서로의 말에 담긴 진정한 마음이 전해질 테니까요. 많은 연구 결과, 부모와의 관계가 긴밀한 아이들이 정신적으로 건강하고 학업성취도가 높으며 사회에 나가서도 더 좋은 직업을 가질 가능성이 높다고 해요. 이제 부모의 기대에 대해 고민한다면 그 답은 아주 기본적인 것들이에요. 가족이 함께 고민을 나누며 문제를 해결하는 데에 무엇인가 특별한 방법이 있는 것이 아니에요. 바로 부모와의 친밀한 관계에 집중하는 것이죠. 부모와 자녀의 긴밀한 관계 맺음에는 특별한 매뉴얼이 있는 것도 아니에요. 오히려 사사로운 일상들이 모여 서로에게 깊은 의미를 줄 수 있어요. 제 경험에 의하면, 부모와 함께 산책하기, 짧은 대화 나누기 같은 단순한 실천들이 문제를 해결할 수 있는 가장 빠른 길이라고 생각해요.

마지막으로 여러분의 주변 사람들과 친밀한 관계를 맺어가면서, 여러분들은 자연스럽게 자기 세대의 목소리를 만들어내야 해요. 사실 부모 세대는 지금 여러분과 다른 시대를 보냈기 때문에 여러분의 고민이 무엇을 의미하는지 정확히 알지 못해요. 그런 부모에게 서로 상처를 주지 않고, 나의 의견을 말하고자 노력해야 하지요. 만일 내가 옳다고 생각한다면 갈등을 정면 돌파했으면 하는 마음도 들어요. 평소에 나는 어떤 존재이고, 내가 제일 소중하게 생각하는 것은 무엇인지, 내가 하고 싶은 것은 무엇인지 늘 고민하고, 주변 사람들(특히 부모)과 끊임없이 얘기를 하면 좋겠어요.

김국태 샘

05

이 진로(꿈)를 선택하기엔
너무 늦은 것 같아요.

살다 보면 누구나 약속을 어기게 되는 일이 있기 마련이에요. 아마 여러분도 친구와의 약속이나 어떤 모임의 시간을 지키지 못한 적이 있을 거예요. 그중 지각이 습관인 사람도 있을 거고, 정말 어쩌다 보니 늦어 버린 사람도 있겠죠.

한 가족을 소개하는 것으로 이야기를 풀어보려고 해요. 이 가족은 엄마와 아빠 그리고 얼마 후면 고등학교에 진학하는 윤기, 이렇게 단출한 세 식구예요. 언제나 정답고 오붓하니 행복하지요. 그런데 언제부턴가 집안에 한 가지 걱정이 생겼어요. 다름 아닌 윤기 때문인데요. 어쩐 일인지 윤기는 어려서부터 시간을 지키는 것이 매우 서툴렀어요. 약속을 하면 숨이 턱에 차게 뛰어야 간신히 제 시간에 대곤 했죠. 학교에 들어가고선 등교시간에도 늘 그 모양이니 부모님이 걱정하실 수밖에요. 요즘도 아침마다 윤기네 집은 난리가 난답니다. 늑장 부리는 윤기와 시간에 맞춰 독촉하는 엄마의 실랑이가 벌어지는 거죠.

"우리 아들, 일어나. 늦겠다."

"뭐야? 아직도 침대에서 뒹굴뒹굴? 시간이 몇 신데… 가방은
챙겼니?"

"어머, 얘 좀 봐. 어제 그대로네?"

"준비물은 미리 챙겼어야지. 서둘러. 누굴 닮아 그렇게 굼뜨
니?"

뭐, 이런 말들이 엄마의 아침 잔소리가 돼버린 지 오래죠. 아마
엄마 속은 부글부글 끌탕일 거예요. 우리 윤기, 본의 아니게 엄마
속 썩이는 말썽꾼이 되어버린 거 같죠? 그런데 이상한 건 윤기는
시간이 충분할 때도 늦는다는 거예요. 알고 보니 늘 태평하게 노닥
거리다가 시간에 바투 임박해서는,

"이런, 벌써? 큰일 났네… 아~, 어떡해…."

늘 이런 식이죠. 그래서 윤기는 언제나 바쁘답니다. 원, 매일 이
래서야…. 어이구, 답답이 윤기!

합의되었거나 상식화된 때를 맞추지 못한다는 것은 그 일을 하
기에 가장 적당한 시기를 놓친다는 것을 의미해요. 또 같이 시작

하지 못하거나, 하더라도 간신히 함께한다는 것을 뜻하지요. 때를 맞추지 못하면, 아마도 상당히 불편한 점이 많겠지요? 그런데 이것을 일상생활이 아닌 인생의 중요한 시점에서 겪을 수도 있답니다. 그럴 때 이 불편함 앞에 우리는 어떤 태도를 취해야 할까요?

꼭 그런 사람이 옛날 중국에 있었다는군요. 이 사람은 본래 훌륭한 가문의 후손이었는데, 어쩌다 몰락해 평민으로 살고 있었지요. 동쪽 바닷가에서 아내와 가난하게 살고 있는데, 돈을 벌어 오라는 아내의 면박을 받으면서도 그렇게 공부만 했다고 해요. 머리도 굉장히 좋아서 한 번 읽은 것은 결코 잊는 법이 없었다네요. 그러나 일은 안 하고 공부에만 열중하다 보니, 살림은 날이 갈수록 찌들어가고 아내의 기승은 점점 사나워져만 갔어요.

그러던 어느 날, 갑자기 소나기가 세차게 내리던 날이었대요. 밖에서 일하던 아내는 명석에 콩을 널어놓은 것이 걱정되어서 서둘러 집으로 돌아오고 있었지요. '남편이 명석을 치워주었으면 얼마나 좋을까…'라는 생각을 하면서요. 찢어지게 가난한 집이니 콩 한 줌도 귀했을 거예요.

그런데 웬걸, 집에 와보니 명석은 이미 비에 떠내려가 온데간데없고, 닫힌 방문 안에서는 낭랑한 남편의 글 읽는 소리만이 들리는 거예요. 아이고…. 너무 했죠. 오랜 세월간 지친 아내는 그날로 집을 떠났다고 해요. 살림이 거덜 나도 공부만 찾는 늙은 남편을 더 이상 참을 수 없었던 거지요.

그러나 쥐구멍에도 볕들 날이 있다고 했던가요? 이렇게 고생하던 사람이 여든 살이 되어서 관직에 나가게 되었어요. 수명이 늘어난 지금도 여든 살이라면 장수한다고 하는데, 그 옛날에 여든이라니요? 상상이 되나요? 이 할아버지가 나중에 제(齊)나라의 왕까지 오르는 강상(姜尙)입니다. 그 오랜 기다림의 세월을 빗대어 보통 '강태공'이라고 부르기도 하죠. 제나라 왕으로 오를 때의 나이는 아흔 살에 가까웠다고 하니, 그 오랜 세월 동안 목표에 몰입하는 집념이 매우 대단한 사람이라는 생각이 드네요. 우리가 여든 살쯤 되었을 때에는 어떤 모습의 노년(老年)이 되어 있을까요?

우리나라 역대 명군(明君)으로 칭송받는 세종대왕께서는 이런 말씀을 하셨어요.

"만약 마음과 힘을 다한다면 무슨 일인들 능히 이루지 못하겠는가."

《세종실록》 22/07/21

어때요? 남보다 출발이 다소 늦었더라도 온 마음과 정성

남보다 출발이 다소 늦었다는 우려는
부차적인 문제인 것 같아요.
꿈에 있어 결정적인 것은
'내 선택에 얼마나 최선을 다하느냐'입니다.

으로 최선을 다한다면 세종대왕의 말씀대로 못할 일이 없지 않을까요? 강태공 할아버지처럼 말예요.

역사의 수많은 위인들 가운데에는 이처럼 늦게 시작하였으나 부단한 노력으로 결국 정상에 오르게 된 사람들이 의외로 많아요. 예술 분야에도 여러 인물이 있는데, 그중 성악가 루치아노 파바로티(1935~2007)가 딱 그런 경우죠. 그는 생전에 플라시도 도밍고, 호세 카레라스와 함께 세계 3대 테너로 불렸어요. 다양한 레퍼토리와 높은 음역, 맑고 깨끗한 음색을 가진 그는 지휘자 카라얀(1908~1989)과 더불어 금세기 최고의 음악가로 평가 받았지요. 또한 테너들 중 가장 높은 음반 판매율, 1998년 음악계 최고의 상이라는 그래미 레전드상(Grammy Legend Award) 수상 등, 이 정도라면 상당한 성공이라고 할 수 있겠죠?

그런데 파바로티가 성악가가 된 사연이 있어요. 유난히 가난한 집에서 태어난 그는 고등학교 졸업 후 집안 생계를 돕기 위해 초등학교 보조교사와 계약제 보험설계사로 아르바이트를 했다고 해요. 특유의 좋은 인상과 친화력으로 많은 여성 고객을 유치해서 보험 회사로부터는 '정규직 러브콜'을 받기도 했다는군요. 혹시 사진을 본 사람은 알겠지만 파바로티는 덩치가 보통 사람에 비해 엄청 크고 뚱뚱하지요. 180센티미터가 넘는 키에 130킬로그램을 넘나

드는 거구였으니까요. 그런 파바로티가 올망졸망한 초등학교 꼬마들과 어울려 지냈다는 상상을 하니 웃음이 나기도 하네요. 그러나 남다른 목소리를 타고난 그는 노래에 대한 꿈을 버리지 못했어요. 다니던 직장을 그만두고 정말 늦깎이로 노래 공부를 시작할 때, 그는 다음과 같은 굳은 결심을 했다고 해요.

'만약 서른 살이 될 때까지 노래로 성공하지 못한다면 다시는 음악에 미련을 갖지 않겠다.'

결과는? 강철같이 굳은 각오로 시작한 공부는 오랜 연습과 시련을 거쳐 그를 결국 세계 최고의 성악가로 만들었어요. 평소 얼마나 연습벌레였는지, 공연장으로 가는 택시 안에서조차 발성 연습을 했을 정도라니 대단하죠? 그를 향한 '인류 역사상 가장 위대한 테니'라는 칭송은 언제나 최선을 다하는 이런 모진 노력 덕분이 아닐까요?

그에 관한 여러 일화 중 하나를 들어볼까요? 1988년 독일에서 오페라 〈사랑의 묘약〉 중 '남몰래 흐르는 눈물'이라는 아리아를 불렀을 때, 박수가 무려 한 시간 칠 분이나 계속되었대요. 게다가 앙코르는 165번이나 이어져 기네스북에 오르기도 했고요. 와우~. 이 정도면 누가 봐도 대 성공이라고 할 수 있겠죠?

어떤 선택을 하는 시점이 늦었다거나 빠르다거나 하는 것은 부차적인 문제인 것 같아요. 중요한 것은 '나의 선택에 얼마나 최선을 다할 수 있느냐' 하는 결연한 마음이 아닐까요? 역사 속의 인물들을 살펴보면 굳은 의지로 어떤 사람은 의외의 이른 나이에 꿈을 이루고, 어떤 사람은 정말 늦은 나이에 꿈을 이룬 경우가 적지 않거든요.

인류의 신세계를 열었다는 스마트폰을 만들어 낸 스티브 잡스(1955~2011)는 스물한 살에 컴퓨터 회사 애플을 창업했어요. 퀴리 부인(1867~1934)은 서른다섯 살에 라듐을 발견했죠. 이십 세기 최고의 영화 감독으로 불리는 스티븐 스필버그는 1982년 영화 〈E.T.〉로 SF영화의 새로운 장을 열었는데, 그때 삼십 대 중반의 젊은 나이였어요.

반면에 〈미키〉, 〈도널드〉 등 수많은 만화 영화를 제작한 월트 디즈니(1901~1966)는 쉰네 살이 되서야 디즈니랜드를 완성했고, 갈릴레오 갈릴레이(1564~1642)가 지동설을 발표했을 때 그는 이미 예순여덟 살의 할아버지였어요. 가브리엘 샤넬(1883~1971)이 패션계의 여왕으로 성공한 것은 파파 할머니가 된 일흔한 살이었어요. 한 술 더 떠 피터 드러커(1909~2005)는 아흔한 살이 되어서야 경영학계의 대부로 인정을 받았다고 해요. 여러분, 놀랍지 않나요? 도전과 성취로 수놓아진 인류의 역사가….

나의 진로를 꿈꾸기에는 너무 늦지 않았을까? 지금이라도 괜찮을까? 등등 불안한 생각이 들 때, 이들의 이야기를 생각해보세요. 시기적으로 늦었지만 화려하게 성공한 이들의 모습 뒤에 얼마나 많은 고민과 땀이 얼룩져 있는지 알 수 있을 거예요. 그리고 아마 마음 속 깊은 곳에서는 에너지가 불끈 솟아오를걸요.

'동트기 전이 가장 어둡다'는 속담이 있어요. 당장은 암흑 같이 느껴져도 곧 찬란한 해가 뜬다는 말이죠. 여러분, 혹시 미래에 대한 근심에 힘이 드나요? 만일 그렇다면 여러분은 지금 해 뜨기 직전의 짧은 어둠 속에 있는 거랍니다. 어둠은 금방 걷히고 찬란한 태양 빛의 아침과 만나게 될 거예요.

모두 파이팅 하시길!

김기용 샘

06

그 꿈은
너무 경쟁이 치열해요.
실패하면 어쩌죠?

학교에서든 집에서든 우리는 늘 '경쟁'이라는 긴장 속에 살아갑니다. 어려서부터 줄곧 일등을 해온 경수도 늘 불안해합니다. 백점을 맞아도 엄마는 기뻐하기보다 다른 아이들이 몇 점 받았는지를 물어보거든요. 경수는 아마도 나 자신보다는 타인을 의식하고, 늘 경쟁하며 지내왔을 것 같아요. 지금을 꾹 참고 경쟁에 이겨 미래를 위해서 말이지요. 그 경쟁은 무엇을 위한 것일까요? 정말 미래를 담보로 지금을 견디면 행복한 미래가 보장될까요? 우리의 삶은 어떻게 전개될지 아무도 모릅니다. 우리의 삶은 수많은 변수에 의해 만들어 나가는 것이기 때문이지요.

우리는 불확실한 미래를 위해 참고 노력한다고는 하지만 그 노력이란 언제나 한도 끝도 없게 요구되기 마련이지요. 가령, 가수가 되려는 꿈이 있다고 가정해볼까요? 전국 고등학교가 대략 이천이백 개쯤 되면, 가수를 꿈꾸는 사람이 한 학교에 한 열 명쯤 될까요? 아니 한 스무 명이 된다고 합시다. 그러면 우리는 결국에는 만명 혹은 이만 명이 되는 이들과 경쟁을 해야 합니다. TV 오디션 프로그램을 보면 수백 대 일의 경쟁을 뚫고 수백 번 오디션을 본 후 배우나 가수가 되는 사람들이 나오지요. 그들을 볼 때마다 참 대단하다는 생각이 듭니다. 그런데 문제는 그게 다가 아니라는 데 있어요. 어렵게 경쟁을 뚫고 영광의 자리를 차지했다 해도 그 후에 또 수많은 선배들이나 치열하게 올라올 후배들, 동료들과 같이 또 다시 경쟁을 하게 되지요. 늘 뒤처지지 않기 위해 노력이란 이름으로 경쟁하고 긴장하고 매일매일 싸우다가 잠시 방심하면 어느새 저 멀리 뒤쳐져 있는 자신을 발견하게 되지요. 자신이 원하는 일들을 크게 펼쳐보지도 못하고, 자신의 능력을 의심하면서 좌절하거나 포기하는 일도 생깁니다. 꿈대로 가수가 되었다고 해서 모든 게 끝난 게 아니란 말이지요. 꿈이란 머물러 있는 게 아니기 때문에 그 꿈을 유지하는 노력 또한 끊임없는 요구되는 것이지요.

이렇게 끊임없는 경쟁과 도전이 요구되는데 막연히 꿈을 꾼다는 것은 어쩌면 허무맹랑한 망상 같기도 합니다. 그래서 꿈은 내 손에 닿지 않을 만큼 멀리 있다고 생각하게 되고 점차 꿈을 포기하게도 되지요. 하지만 쉽게 포기한다는 것은 어쩌면 경쟁에서 이길 자신이 없다는 변명 같기도 해요. 경쟁에서 꼭 이겨야 하는 것은 아니지만, 경쟁은 때로는 나를 열심히 격려하며 앞으로 나아가는 장치가 됩니다. 그런 선의의 경쟁은 나 자신을 지키기 위해서 필요합니다.

뒤늦게 자신이 하고 싶은 걸 발견한 찬영이 이야기를 해볼까요? 찬영이는 진로에 대해 걱정하다가 최근 음악이 왠지 좋아서 작곡가가 되겠다고 생각했어요. 그런데 자신은 벌써 고등학교 2학년이고 다른 아이들은 천부적인 음악 재능이 있거나 이미 피아노 정도는 마스터한 상태라 과연 자신이 경쟁할 수 있을지 고민했지요. 그래도 자신 역시 음악 지식과 음감이 어느 정도 있다고 믿어 기대를 버리지는 않았어요. 그런데 막상 음악을 시작하려니 영 용기도, 엄두도 안 나 매일 걱정만 한 가득입니다. 저만큼 앞선 친구들을 보니 자신은 이미 경쟁 상대가 안 된다고 생각하게 되어서요. 친구들이나 선배들도 이제 와서 음악을 시작한다는 게 무리라고 이구동성으로 찬영이에게 말했어요. 어머니께도 음대를 지원하겠다고 했다가 공부나 열심히 하라고 혼만 났다나요. 찬영이는 장남이라 어머니가 기대하는 바가 있어 더 부정적 반응을 보이시는 것 같다고 하네요.

사실 찬영이가 음악에 대해 생각하게 된 건 어머니 영향이 크다고 합니다. 어머니는 특별히 음악 교육을 받은 적은 없지만 학교나 모임에 가면 늘 나서서 노래하고 대학 가요제도 나가고 음악 대회에서 상도 받았다고 하네요. 찬영이는 어릴 적에 어머니와 함께 자주 피아노도 치고 노래도 불러서 집에서 음악이 끊이지 않았다고 해요. 그래서 자연스럽게 음악에 관심이 많아진 거고요. 찬영이가 여러 사람에게 곡을 만들어 주거나 합창단 활동에서 두각을 나타난 것도 어머니에게 물려받은 재능이었지요. 크면서는 관심사가 다양해지다 보니 음악에 대해 조금 소원해졌는데 최근 다시 음악에 관심이 부쩍 커졌다고 합니다.

하지만 찬영이는 경쟁에서 자신감을 잃어가고 있었습니다. 다른 아이들은 이미 저 만큼 준비를 해둔 상태니까요. 찬영이에게는 같이 음대 지원을 준비하는 친구 성수가 있었습니다. 중학교 때 같은 반이었지만 성수와 그리 친하지는 않았는데, 마침 음악과 지망생인 것을 알고 함께 정보를 알아보다 친해졌다고 해요. 성수의 도움으로 찬영이도 차츰 길이 보이기 시작했어요. 용기를 내어 피아노 학원에도 다시 다니고, 작곡과 지망을 위한 여러 자료도 수집하면서 다양한 시도를 해보았습니다.

사실 찬영이는 진작부터 음대 지원을 위해 준비하고 있는 성수가 부러웠다고 해요. 하지만 성수는 오히려 찬영이를 부러워했습니다. 성수의 경우, 실기 준비는 어느 정도 해놔서 자신 있는데, 시험 성적이 부족해서 불안한 마음이 있거든요. 찬영이는 성수의 말을 듣고 미리 음대를 준비한 친구들보다 자기가 유리한 점을 찾아보았습니다. 늦게 시작해서 음악적 기능이나 소양은 떨어질지 몰라도 그들보다 시험을 잘 볼 자신이 있었습니다. 그래서 악기 공부 외에 다른 공부에 오히려 더 시간을 할애하기로 하였답니다. 누가 더 자신의 꿈을 잘 찾아갈지는 아직 모릅니다. 둘 다 그저 자신이 잘할 수 있는 것에 최선을 다할 뿐입니다.

친구는 우정을 나누는 사이지만 서로 같은 상황에서 평가 받아야 하는 경쟁의 상황에 늘 놓이기도 합니다. 내가 살기 위해서 다른 사람을 넘어서야 하고 패배시켜야 하는 잔인한 현실과 맞닥뜨리기도 합니다. 내가 대학에 가려면 그 대학에 지원하는 다른 친구들보다 내가 더 먼저 알고 더 앞서야 하지요. 이런 경쟁은 다른 사람을 패배시키고 나를 지치게 만듭니다. 경쟁을 부추기는 사회는 그래서 늘 긴장해야 하고 그 구성원들이 피로감을 느끼게 되지요.

마치 경기와도 같은 경쟁 상황에서 나의 할 일이란 과연 무엇일까요? 그것은 정당하게 반칙하지 않고 경기에 임하는 것입니다. 그래서 우리에게 경쟁은 《꽃들에게 희망을》에 나오는 줄무늬 애벌레처럼 남의 머리를 밟고 일어서는 것이 아니라 함께 일으켜 주는 선의의 경쟁, 아름다운 경쟁이어야 합니다. 살아가면서 우리는 경쟁을 수도 없이 겪습니다. 이 경쟁을 매번 누군가를 밟고 이기기 위해서 임해야만 한다면 그것은 매우 힘든 고통의 시간이 될 것입니다. 이기고, 지는 일은 수도 없이 반복될 수밖에 없기 때문이지요. 만일 정정당당하게 최선을 다했는데 패자가 되었다면 그건 후회할 일은 아닐 거예요.

우리는 오지도 않은 미래에 미리 겁을 냅니다. 그래서 준비하고 계획도 세웁니다. 걸림돌에 넘어지지 않기 위해 노력도 하고요. 하지만 우리에게 정말 중요한 건 그 준비보다, 넘어질까 봐 겁내는 마음을 겁내지 않는 겁니다. 늦었더라도 시작해보려는 용기, 넘어지더라도 또 일어나려는 마음, 겁내기보다는 한번 그 걸림돌에 넘어져보고, 일어나는 경험을 해보려는 시도가 중요합니다.

우리가 잘 아는 축구 선수 중에 구자철 선수가 있지요. 선생님은 축구를 잘 모르지만 런던 올림픽에서 그가 맹활약을 했고 현재 한국 축구 전력의 핵심 멤버라는 것은 알고 있습니다. 구자철 선수가 언젠가 TV에 나와서 이런 이야기를 했습니다. 매번 어렵게 선수가 되고 실패도 경험하는데, 자기는 실패를 하면 마음이 편하다고요. 저는 맨 처음엔 저렇게 유명한 선수도 실패와 좌절을 많이 겪는다는 사실에 놀라웠고, 실패를 편한 마음으로 받아들일 수 있다는 것에 놀랐습니다. 그래서 구자철 선수의 말에 더 귀를 기울였습니다. '실패한 순간이 가장 행복한 기억'이라는 그의 말에 어떻게 그럴 수가 있나 싶었거든요.

구자철 선수는 실패를 통해 미래를 만들어간다고 생각하기 때문에 오히려 실패 없이 평온하게 지내는 시기가 영 불편하고 불안하다는 말을 하더군요. 그의 말을 들으며 어쩌면 우리는 넘어지고 실패하는 것을 너무 겁을 내는 것은 아닐까 싶었습니다. 그래서 별로 해본 것도 없이 무탈하고 조용하게만 살려는 것은 아닐까 생각했습니다. 조금 위험한 것을 해보는 것, 실패해보는 것, 넘어져보는 것은 우리 삶에 매우 중요한 변수입니다. 그 변수를 두려워하다 보면 내가 할 수 있는 것들이 별로 없습니다. 넘어지더라도 자꾸 일어날 수 있어야 나 자신을 자랑스럽게 바라볼 수 있지 않을까요? 구 선수처럼 실패가 나를 행복하게 할 날이 오지 않을까요?

남보다 빨리, 남보다 쉽게, 남보다 잘 도달하는 것이 긴 삶에는 오히려 독이 될 수 있습니다. 지금 늦고, 힘겹고, 넘어진 게 내 삶에는 더 든든한 버팀목일 수 있습니다. 걸림돌을 치우려 하지 말고 걸려 넘어지려는 각오부터 시작해보세요. 그것이 내 꿈을 더 단단하게 만드는 길이 될 듯합니다.

미정숙 샘

07

제 꿈은 유학을 꼭 가야 하는데
집안 사정이 힘들어요.

만일 여러분의 꿈이 꼭 유학을 가야만 하는 거라면 우리나라에
는 없는 전공일 가능성이 크겠네요. 외국이 우리나라보다 전공이
훨씬 다양한 것은 맞아요. 그런데 문제는 집안 사정이 힘들다는 점
이네요.

일단 고등학교 졸업 전에 유학을 가는 것은 어려움이 많아요.
우리나라에서 고등학교를 졸업하여 내신 성적과 수능 점수가 나
와야 외국 대학에서 받아주는 경우가 많거든요. 어떤 나라는 우리
나라 대학교에 입학했다는 합격증이 있어야 되는 경우도 있어요.
우리나라에서 고등학교를 졸업하지 않으면 외국 대학의 졸업자격
시험에 합격해야 해요. 대부분의 나라들은 졸업자격 시험성적이
대학 입학뿐 아니라 고졸자가 취업할 때도 필요하답니다.

우리나라의 수능은 졸업자격 시험이 아니지만 대학교 공부가
가능하다는 걸 나타내기 때문에 외국대학에서 요구하기도 해요.
외국어가 유창하지 않은데 그 나라의 고등학교 졸업자격 시험에

합격하는 것은 굉장히 어려운 일이죠. 그렇기 때문에 고등학교를 졸업하고 유학하는 편이 여러모로 수월하답니다.

미국 유학이라면, 고등학교 졸업 후 전문대학으로 유학을 가서 이 년 후 4년제 대학교에 편입하는 경우가 많지요. 비용도 훨씬 적게 들고요. 영국은 고등학교 졸업 때까지 십삼 년을 공부하기 때문에 우리나라 학생이 대학에 입학하려면 일 년간 대학예비 기초과정을 공부해야 해요. 다만, 영국과 미국을 포함하여 영어권 국가는 대학교 등록금이 비쌉니다. 우리나라 사립대보다 약간 더 비싼 학교에서 시작하여 2배 이상 되는 곳도 있어요.

영어권 국가로 유학할 경우, 대학교부터 시작하는 건 별로 추천하고 싶지 않아요. 아무리 특수한 전공이라도 그 분야의 필수과목을 이수한 다음, 전공에 특화된 과목에 들어가기 때문이지요. 문과나 이과나 필수과목은 어떤 나라든지 비슷하거든요. 저의 경우를 예로 들어볼까요? 저는 런던대학교 킹스칼리지 '도시교육학과'에서 석사를 받았는데 이 전공은 당시 미국, 영국 각각 한 곳씩만 있었어요. 일자리가 있는 도시에 인구가 모이기 때문에 도시 빈민과 이민자의 자녀들이 다니는 학교에는 많은 교육문제가 발생하므로 이 특수한 학과가 생겨난 것이지요. 그런데 어느 나라든 산업화가 되면 학교의 90% 이상이 도시에 있기 때문에 도시교육학과의 연구대상은 교육사회학이나 교육행정학과 상당히 중첩되어 있지요. 이러한 부분 때문에 교육사회학과 교육행정학 수업을 한국에서 듣고 가는 것이 좋습니다.

저는 대학교는 우리나라에서 나오고 대학원을 유학하는 것이 유리한 부분이 있다고 생각한답니다. 우리나라가 대학교 과정의 기초과목을 더 체계적으로 가르치는 것 같거든요. 다만 독서량이 문제인데 우리 대학생들이 외국보다 책을 덜 보는 것 같아요. 하지만 꼭 유학할 생각이라면 전공에 관련된 책을 요약본이나 번역서가 아닌 원전으로 보는 걸 해봐야 해요.

대학원부터는 외국이 더 유리하다고 생각하는 이유는 외국 대학원이 더 많은 지원을 받기 때문입니다. 대학원부터는 논문이나 실험결과 같은 학생들의 성과물이 그 나라의 학문발전에 도움이 되기 때문에 우리나라보다 더 많은 장학금 혜택이 있지요. 더구나 국가와 기업이 대학에 연구비를 많이 주기 때문에 창의적으로 연구에 참여할 수도 있어요. 우리나라의 경우, 국가나 사회에서 책정되는 연구비가 낮은 편이지요. 문과 쪽은 설문지도 돌리고 많은 사람들과 인터뷰도 해야 새로운 이론을 만들어낼 수 있습니다. 하지만 연구비가 적으면 그런 작업을 하기 힘들어요. 이과계통은 실험이 많으므로 연구비를 많이 책정되는 외국에서 공부가 더 유리

할 테고요. 또한 외국 대학원은 우리나라보다 좀 더 자유롭게 의견과 주장을 주고받는 분위기가 조성되어 있어요.

제가 런던대에서 겪은 일화 하나를 이야기해 줄게요. 제자가 담당교수님과 반대되는 이론으로 논문을 썼는데 그 교수님은 최고 점수를 주었어요. 제자는 박사학위도 그 교수님과 하길 원했지만 교수님은 제자의 주장과 비슷한 다른 대학교의 교수님을 추천해 주었다고 해요. 제자의 이론을 자신보다 더 잘 지도해줄 사람이기 때문에 좋은 추천서를 써줄 테니 그 분 밑에서 박사학위를 받길 권했다는군요. 이런 측면에서 외국은 관계에 구애받지 않고 새로운 이론을 연구하고 주장하기에는 더 자유로운 편입니다.

가급적 석사학위부터 외국에서 밟는 것이 나은 이유는 또 있어요. 외국 대학원의 입학요건이 굉장히 유연하기 때문이에요. 한 사례를 살펴볼까요? 런던대학교 임페리얼 칼리지는 전 세계 대학 순위 10위권 안에 드는 학교입니다. 그 학교에 석사과정을 밟는 한국 학생이 있습니다. 그는 전라남도 시골의 신설대학교에서 물리학과를 졸업했는데 당연히 우리나라에서 취업은 어려웠지요. 게다가 대학교에서 공부도 열심히 안 했는지 학점도 엉망이었어요. 하지만 그는 졸업 후 택시회사에 취직해 유학의 꿈을 품고 돈을 모았지요. 운전 중에 손님이 없으면 언제나 영어회화 카세트를 틀고 공부했대요. 이 년 후 간절한 마음으로 런던대학교 물리학과에 지원했는데 입학허가서가 떡하니 날라 온 것입니다. 다만 영어 실력이 모자라므로 입학 전 석 달간 논문작성법을 포함한 어학연수를 한다는 조건으로요.

당연히 그 학생은 어학연수에 임했고, 석사과정에 들어갔어요. 나중에 영국의 지도교수님은 그 학생에게 자신이 합격된 이유가 뭔지 아냐고 물어봤다더군요. 그 학생은 대학교 학점도 좋지 않고 영어 실력도 부족해서, 자신의 합격은 한국 교수의 추천서 덕분이지 않냐고 대답했대요. 그러자 영국 지도교수님은 뜻밖의 대답을 해주었습니다. 한국 교수님의 추천서에는 "나는 이 학생이 물리학에 관심 있다는 사실을 오늘 처음 알았고, 앞으로 이 학생이 무엇을 공부하려는지 알 수 없다."라고 쓰여 있었던 것입니다. 다시 말해, 과거에도 공부를 안 했고 앞으로도 공부하지 않을 것이라는 최악의 추천서였지요. 대체 영국의 교수님은 그 학생을 왜 합격시킨 것일까요?

영국 교수님은 "나는 네가 이 년 동안 택시 운전을 하면서도 물리학 공부에 대한 꿈을 버리지 않았기 때문에 네가 합격하면 정말 열심히 공부하리라 믿는다."라고 말했대요. 다시 말해 학생의 성적보다도 학생의 열정을 높게 평가한 것이지요. 또한 외국의 대학은 학생의 과거뿐만 아니라 <u>현재의 도전정신과 미래의 가능성</u>도 함께 본다는 점이죠.

이것은 외국 대학의 경우, 교수의 입학 허가에 대해 거의 이의를 제기하지 않기 때문에 가능한 것입니다. 그만큼 외국 학교는 교사나 교수의 선택을 존중합니다. 우리나라도 요즘 외국과 비슷해지고 있는데, 수능 자연계 만점을 받은 학생이 서울대 의대 정시에 떨어진 사례가 그 예이죠. 면접과 학생부 비중이 커졌기 때문입니다. 그 학생은 떨어지고 나서도 자기보다 인품이 좋은 학생이 면접에서 많이 뽑혔으니 의료계의 앞날이 밝을 것 같아 기쁘다고 인터넷에 올렸다고 해요. 자신의 불합격을 담담히 받아들이고 다른 사람을 축복하는 학생이라면 그 학생 역시 매우 훌륭한 인품의 소유자 같지만 말이에요. 그 외 다른 면모도 매우 중요할 테니까요.

만약 영어권이 아닌 국가의 경우 등록금 부담은 상대적으로 덜한 편입니다. 다만 앞서 말했듯이 해당 국가의 고등학교 졸업 시험을 치르는 것은 굉장히 힘드니 우리나라에서 고등학교를 졸업하고 수능시험을 본 다음, 대학교에 입학한 뒤 유학을 가는 방법을 택해야 해요. 즉, 수능 점수와 대학입학 합격증이 필요해요. 입학 등록금의 환불을 생각하면 가장 등록금이 적은 학교를 택해야겠지요. 유럽 대부분의 경우 외국인에게도 등록금이 무료이고 일 년에 학생회비나 의료보험료로 백만 원 미만의 돈이 들어요. 프랑스나 독일 같은 경우는 그 나라 언어를 배워야 하기 때문에 한국에서 단기간에 집중해서 기초를 잡고 출국해야겠지요. 프랑스, 독일 이외의 유럽 여러 나라는 영어 성적을 인정해주고 과목에 따라서는 영어로 수업하기도 한대요. 다만 요즘 유럽의 몇몇 국가는 외국인 학생들에게 대학교 등록금을 많이 받고 대학원부터 등록금이 공짜인 방식으로 바뀌고 있대요. 대학생들이 그 나라의 학문을 발전시키지 못한다는 생각 때문이지요.

중요한 것은 외국 대학은 현재의 도전정신과 미래의 가능성을 원하기 때문에 도전해보는 자세가 중요해요. 저 역시도 비용 문제로 영국에 직접 방문하지 못하고, 지도교수에게 전화로 공부 열의에 대해 이야기했습니다. 그 결과, 다른 친구들보다 더 빨리 입학 허가를 받을 수 있었어요. 일단 자신이 공부하고 싶은 것이 우리나라에서 가능한지를 먼저 알아보길 바랍니다. 만일 그것이 우리나라에서 가능하지 않는 공부라면 그다음 유학을 고민해도 늦지 않을 것 같아요.

08

어떻게 과정을 즐기지요?
고생한 만큼 성공하지 않으면
불행하지 않을까요?

"갑자기 생긴 일이라 깜짝 놀랐어요. 미처 방어할 틈도 없었
죠. 이미 집중력과 호흡도 흐트러져 버렸고…. 한 6초 정도
손해 보지 않았을까요? 마라톤은 중단했다가 다시 뛰는 것
이 얼마나 힘든지 아시는 분들이 있을 거예요. 만일 사고가
없었더라면…. 하지만 사고가 없었다고 해도 내가 우승할
수 있었을지는 알 수 없는 일이죠. 나는 3위 정도를 목표로
했었고 결국 동메달을 획득했어요. 내게 메달의 색깔은 중
요하지 않아요. 올림픽 정신을 지킨 것에 의미가 있다고 생
각하기 때문이죠. 올림픽에 참가한 자체가 매우 즐거웠고,
그래서 나를 밀친 관중도 용서할 수 있을 것 같아요…."

-리마의 인터뷰 中-

도대체 무슨 일이 벌어진 걸까요? 황당한 사고가 2004년 아테
네 올림픽에서 일어났어요. 이날 마라톤 코스의 30킬로미터 지점

까지는 일등이 브라질의 반데를레이 리마(Vanderlei Lima) 선수였지요. 그는 얼마 남지 않은 결승점을 향하여 선두에서 온 힘을 쏟고 있었어요. 그런데 이런…. 결승점이 얼마 남지 않은 37킬로미터쯤, 한 사람이 갑자기 트랙으로 뛰어들더니 리마 선수를 관중이 있는 길 쪽으로 밀어버렸어요. 달리던 리마 선수는 그만 인도로 쓰러질 수밖에 없었죠. 일어나 다시 달렸지만 그 뒤에는 자전거와 부딪히는 등 계속되는 사고로 경기 흐름을 완전히 놓쳐버렸어요. 얼마나 맥이 빠졌을까요?

그런데요, 이 리마 선수를 좀 보라죠? 웬만하면 '아, 이번 경기는 하늘이 도와주지 않는구나. 어쩌면 이렇게 운이 없을 수가 있을까.'라며 포기할 만도 한데 그는 굴하지 않고 끝까지 달린 거예요. 마침내 그가 3위로 들어오자, 모든 관중은 일제히 일어나 뜨거운 환호와 함께 박수를 쳤어요. 비록 그날의 금메달은 이탈리아 선수에게 돌아갔지만, 세계인의 가슴에 리마 선수는 진정한 승자로 더 오래 기억되지 않을까요? 결승점을 향해 달려오던 리마 선수의 환한 미소는 전 세계로 중계되어 지구인들에게 진한 감동을 주었지요.

꿈을 향한 여정에서 목표보다 과정을 즐기는 자세는 매우 중요합니다. 그러나 그 과정을 즐기기란 생각보다 쉽지 않습니다. 결과를 중시하는 우리 문화 때문도 있지만, 어떤 일이건 과정에는

(심지어 몰입을 하고 있더라도) 고단하고 지치는 순간이 오기 때문입니다. 아무리 자기가 좋아하는 일이라도 자연적인 한계점이 있기 마련이죠. 그럴 때 리마 선수를 떠올려 보세요. 결승점에 들어오며 미소 짓는 리마 선수의 사진은 인터넷에서 쉽게 구할 수 있어요. 결과에 연연하지 않고 레이스를 즐긴 그 진정한 모습을 눈으로 본다면 과정이 주는 기쁨을 더 생생히 확인할 수 있을 것입니다. 힘들 때마다 그 사진을 보면서 스스로 격려하는 것도 좋은 방법일 것 같네요.

'검은 가젤'이란 별명이 붙은 육상선수 윌마 루돌프(1940~1994)의 이야기를 해볼까요? 그녀는 네 살 때 폐렴과 전염병에 걸려 왼쪽 다리가 마비되었대요. 열한 살이 될 때까지 제대로 걷지 못하는 소아마비를 겪었지요. 그러나 그녀는 포기하지 않았어요. 억척스러운 노력 끝에 열세 살에는 혼자서 걸을 수 있게 되지요. 걷기가 가능해진 그때부터 그녀는 달리기 경주에 참가했어요. 언제나 꼴찌를 독차지했지만 결코 낙담하지 않았어요. 왜일까요? 아마 혼자서도 걸을 수 있다는 기쁨과 자신도 달릴 수 있다는 환희가 그녀를 사로잡았기 때문이겠지요.

그로부터 7년이 지나 스무 살이 되던 1960년, 그녀는 로마 올림

목표는 내일이지만, 과정은 오늘입니다.

오늘, 지금 이 순간을 즐기려는 자세를 갖는다면
행복은 자연스럽게 따라오지 않을까요?

픽에 참가해요. 이 대회에서 그녀는 100미터, 200미터, 400미터 경기에서 모두 금메달을 획득했어요. 특히 100미터에서는 올림픽 신기록이었죠. 소아마비를 극복하고 올림픽 사상 여성 최초로 육상 3관왕에 우뚝 선 윌마 루돌프. 성공의 비결을 묻는 기자들에게 그녀는 이렇게 말했다고 해요.

"진심으로 강렬히 원하면 무엇이든지 이룰 수 있습니다."

꿈은 저절로 이루어지지 않아요. 꿈은 그 크기만큼의 정직한 노력과 땀을 요구하죠. 땀을 흘리며 목표를 향하는 그 행진에는 더러 걸림돌도 있고 가시밭길도 있기 마련이에요. 그 걸림돌과 가시밭길을 기꺼이 외면하지 않는다면 그것은 여러분의 가장 큰 자산이 되어줄 것입니다. 고생한 만큼 반드시 '성공'으로 보답을 받아야 하는 것은 아닙니다. 고생한 과정은 여러분에게 생의 자산이 되고 삶의 다양한 측면에서 그 자산을 활용할 수 있을 것입니다.

우리 조상들 중에서도 끊임없는 노력의 과정을 밟아나가신 분이 여럿 계십니다. 그중 조선시대 김득신(1604~1684)이라는 분의 이야기를 소개해볼까 해요. 그는 하나를 가르쳐주면 그새 열을 잊어버리는, 한마디로 '둔재'였습니다. 오죽하면 서당에서도 포기할 정도였지요. 할아버지는 스물다섯 살, 아버지는 스무 살에 문과에 급제한 수재 집안이었지만, 그는 열 살이 돼서야 겨우 글을 배우기 시작한 돌연변이였어요. 명문 사대부 가문의 근심거리였지요. 주위의 높은 기대와 그에 미치지 못하는 절망감과 초조함…. 그 속에서 어린 시절의 그는 얼마나 마음 졸였을까요? 둔한 아들을 포기하라는 주위의 수군거림도 있었어요. 그러나 그런 수군거림에도 아버지는 "나는 저 아이가 저리 미욱하면서도 공부를 포기하지 않는 것이 얼마나 대견스러운지 모른다네."라며 아들을 감싸주었습니다.

정말 훌륭한 아버지시죠? 자식에 대한 끝없는 믿음이 말로는 쉬워도 여간 힘든 일이 아니거든요. 아이고, 이 글을 쓰며 스무 살짜리 아들이 있는 저도 가슴이 찔리는군요. 여하튼 김득신은 쉬지 않고 열심히 노력한 결과, 나이 스물에 첫 번째 글을 지어 아버지께 보여드렸다고 하니, 참 느려도 무지하게 느렸지요. 이런 그가 공부를 위해 선택한 방법은 읽고, 읽고, 또 읽는 것이었다고 해요.

그의 노력을 보여주는 일화가 있습니다. 기억력이 유난히 좋지 않은 김득신은 어느 날 하인과 길을 가던 중, 어떤 집의 담 너머 흘러오는 글소리를 듣습니다.

"…………"

"어허! 저 글이 아주 익숙한데, 무슨 글인지 도통 생각이 안
나는구나."

"네? 나리, 정말 모르신단 말씀이십니까?"

"……???"

"이 글귀는 나리가 평생 읽으신 것이어서 쇤네도 알겠습니
다요."

그 글은 사마천의 《사기(史記)》에 나오는 '백이전(伯夷傳)'이라는
글이었는데, 김득신이 평생 무려 1억 1만 3천 번이나 읽은 글이었
다고 해요. 이 정도로 기억력이 하인만도 못하니 자신은 물론이고
주위 사람들이 얼마나 민망했을까요? 아마 모르긴 해도 식구들이
나 하인들이나 '할 만큼 했으니, 그만 포기해도 될 텐데…'라는 생
각을 하지 않았을까요.

그러나 그는 식을 줄 모르는 열정으로 쉰아홉 살 늦깎이로 문과
에 급제하고, 그 후로도 끊임없이 노력하여 자기만의 시어로 된 독
창적인 시 세계를 만들어냈지요. 그리고 마침내는 당대 최고의 시
인으로 추앙받게 되고요.

자신의 부족함을 오로지 노력 하나로 극복한 그는 생전에 후세

들을 위해서 자신의 묘비에 다음과 같이 새겨 놓았다고 해요.

재주가 남만 못하다고 스스로 한계를 짓지 말라.
나보다 어리석고 둔한 사람도 없었지만
결국에는 이룸이 있었다.
모든 것은 힘쓰는 데 달렸을 따름이다.

-김득신이 스스로 지은 묘비명에서-

리마나 윌머와 같은 선수들, 그리고 김득신 대감 같은 이들이 존경을 받는 이유는 무엇 때문일까요? 그건 아마 결과도 좋지만, 그보다 목표에 도달하기까지를 즐기고 최선을 다하는 과정이 감동적이기 때문 아닐까요?
명군 세종대왕께서는 말씀하셨어요.

'무엇이든 넓게 경험하고 깊이 파고들어 스스로를 귀한 존재로 만들지어다.'

꿈을 향해 가다 보면 가끔 흔들리거나 지칠 경우가 있을 수 있어요. 그럴 때 주저앉지 말고 더 깊은 몰입을 통하여 자신을 고귀

한 존재로 향상시켜 보세요. 기회는 '기다리는 자'에게 오는 것이 아니라, 끊임없이 '노력하는 자'에게 오는 거랍니다.

김기홍 샘

09

드라마를 보고 의사가 되고 싶은데,
고생을 엄청 해야 한대요,
그냥 쉬운 꿈을 꾸는 게
현실적이겠지요?

드라마 속 의사가 굉장히 멋있었던 모양이군요. 아픈 사람을 위해서 자신을 희생하고, 전문지식을 발휘하여 돈만 바라는 부패한 의사와 싸워 이기는 등, 드라마에는 의사의 멋진 모습이 주로 등장합니다. 물론 고생을 많이 하는 모습도 나오지만 상대적으로 의사란 직업의 화려함이 더 조명되지요. 드라마라는 극의 특성상 그럴 것입니다. 그러니 여러분 역시 드라마에서 보여진 직업은 매우 일부분임을 알아야만 해요. 멋진 의사를 꿈꾼다면, 드라마가 아닌 현실도 알아야 하겠지요. 의사가 되기 위해서는 최소 10년 이상 공부와 수련을 해야 해요. 멋지고 보람 있는 의사가 되기 위한 고생을 마다할 생각이 없는지부터 먼저 생각해봤으면 해요.

그다음 문제는 의사 일이 자기 적성에 맞아야 한다는 것이죠. 적성이 모든 꿈과 직업에 가장 중요한 조건은 아니지만, 의사의 경우는 적성도 꽤 중요한 듯합니다. 저의 은사님 중 의대를 다니다 영어과로 전과하신 분이 계세요. 그분의 이야기를 들어보면 의사는 매일 아픈 사람만 상대하지만 교사는 어린 학생들이 자신의 꿈을 마음껏 펼칠 수 있도록 돕는 일이라 더 보람으로 느껴졌다고 하시더군요. 또 제가 영국에서 공부할 때 중국에서 의사를 하다가 식품영양학으로 전공을 바꿔 석사과정을 밟는 여학생을 만났는데 그 친구도 의사가 적성이 맞지 않아서 그렇게 했다더군요. 해부학 공부와 실습까지 다 마쳤는데 자신은 피 흘리는 환자의 모습이 너무 두려웠대요. 자신감도 떨어지고요. 식품영양학을 공부해서 사람들이 병에 걸리지 않도록 해주는 식품을 만드는 것이 꿈이라고 하더군요.

그뿐만이 아니에요. 드라마 속 화려함보다는 현실에서는 고생이 더 크다는 걸 알아야만 해요. 영국 같은 경우는 간호학과 학생 중 뛰어난 몇몇에게 의대로 전과하라고 교수님이 권하는 일이 종종 있습니다. 하지만 한 학생은 단호하게 거절하더군요. 그 많은 공부와 시험 등으로 힘들고 싶지 않다는 이유에서였지요. 그만큼 의사란 직업은 화려함보다는 노력과 고생이 더한 전문직이지요.

하지만, 그럼에도 불구하고 아픈 이를 치료하고 도울 수 있다는 측면에서 의사는 멋진 직업임은 틀림없습니다. 많은 전문직이 그러하듯 과정이 힘겹지만 그만큼 성취와 보람이 큰 것이지요. 드라마 속 장면이 여러분에게 전문직에 대한 호기심과 열정을 심어놓았다면, 그다음은 왜 내가 그 일을 하고 싶고, 어떤 직업인이 되고 싶은지를 고민해봐야 될 것 같아요. 의사라면, 어떤 의사가 되고 싶은지를 생각해야 되겠지요.

단순히 고생을 피하고 쉬운 꿈을 꾸는 게 현실적이라고 생각한다면 선생님은 단연코 그건 아니라고 말하고 싶어요. 현실적인 꿈이란 것은 과연 어떤 것일까요? 이루기 쉬운 것이 바로 현실적인 꿈일까요? 앞서 여러 선생님이 말씀하셨지만, 미래 사회는 점점 다양한 직업과 직업 환경을 요구할 것입니다. 쉽고 편한 것만 따진다면 다변화되는 직업 환경에 그만큼 적응하기 힘들거나 선택의 폭이 좁아지지 않을까요? 그보다는 내가 어떤 일을 하고 싶고, 어떤 삶을 살고 싶은지에 대한 근본적인 마음가짐이 더욱 필요해지리라 생각됩니다.

영국에서 만난 학생처럼, 의사보다 간호사가 더 쉬운 길이라 생각된다면 이 이야기를 들려주고 싶어요. 얼마 전 텔레비전에서 미국에 간 한국 간호사들의 성공 사례가 보도된 적이 있어요. 미국 LA카운티의 간호국장인 모니카 권은 미국 의료계의 혁신에 앞장서고 있습니다. 그녀는 간호사가 단지 의사를 돕는 사람이 아니라 의료팀의 한 구성원으로 독립적인 역할을 할 수 있도록 의료 시스템을 개혁하고 있대요. '찾아가는 의료진', '1:1 환자 케어' 시스템 등이 그녀가 미국에서 만들어낸 제도입니다. 이런 제도가 제대로 정착된다면 어느 의사 못지않게 많은 환자들에게 도움이 되는 사람이 되겠죠.

강덕희 이화여대 교수는 간호학에 생리심리학과 생리행동연구를 접목해 미국에서도 주목받고 있습니다. 그의 연구 핵심은 환자를 육체적으로만 돌보는 것만이 아니라 근본적인 마음까지 치료하는 방법이래요. 의사와도 대등하게 환자 치료에 대해 논의하는 것을 보고 저도 깊은 감명을 받았어요.

미국으로 간 두 간호사 이야기를 들어 보니 간호사도 그분들처럼 노력한다면 의사 못지않게 성취가 크겠지요. 그만큼 힘든 일도 많이 있을 거고요. 그러니까 의사건 간호사건 더 쉬운 쪽을 선택한다는 식의 태도는 버렸으면 좋겠어요. 단순히 쉬워 보이는 걸로 꿈을 선택했다가는 일에서 즐거움과 보람을 찾기도 힘들어요. 일은 자기 내면에 담긴 욕구와 밀접하게 맞닿아 있기 때문입니다. 단순히 쉬운 꿈을 선택했다가, 그 꿈에 생각지도 못한 난관이 있다면 쉽게 포기하거나 무너질 수 있어요. 그러니 꿈은 쉬워 보이는 것이 아니라, 자신의 내면에 귀 기울여서 선택해야 해요.

우리 친구가 드라마에서 멋지게 본 의사란 직업도 미래에는 많이 변하겠지요. 의사란 직업은 기술적 변화에도 민감한 편이며 질

현실적인 꿈이란

어떤 것일까요?

이루기 쉬운 것이 과연 현실적인 꿈일까요?

병에 대한 새로운 치료 방법 등 평생 공부해야 할 것들이 많습니다. 그러니 의사가 정말 하고 싶고 그 일로 보람도 느낄 수 있어야만 할 수 있겠지요. 무엇보다 그 일이 '나다운 것'이어야 하고요. 나다운 것이 얼마나 중요한지 여러분이 알았으면 해요.

가수 솔비를 알고 있나요? 솔비는 어렸을 때부터 가수로 성공하여 남들에게 주목을 받으며 살았다고 해요. 어릴 때부터 성공을 해야 한다는 생각이 강해 '내가 세 보여야지 다른 사람을 이길 수 있다'고도 생각했다고 해요. 그런데 점점 방송생활을 하고 유명해지면서는 자신이 정말 좋아하는 것들을 하면서 살고 싶다는 생각이 더 강해졌대요. 결국 그녀는 '나다운 것'을 하고 살기로 했지요.

'남들이 봤을 때 내가 웃기면 어때, 남들이 봤을 때 내가 천방지축이면 어때, 이게 나인 걸.' 그렇게요. 나답게 살기 위해서는 나의 못난 모습까지 스스로 인정하고 받아들이는 것이 필요하지요.

의사란 직업이 여러분에게 '나다운 것'인지 생각해봤으면 좋겠어요. 드라마에서 멋져 보여서 의사가 되었는데 막상 자신은 행복하지 않다면 의미가 없잖아요. 의사의 '어떤' 점이 멋있지만 그 '어떤' 점은 의사가 아니라 다른 직업에서도 이룰 수 있는 것인지도 몰라요. 그 비중을 신중하게 생각해본 다음, 나다운 삶이 의사의 길과 맞는다면 의사의 길을 가야죠.

그 '어떤' 의사가 될지에 대해 생각해볼 계기를 쿠바는 멋지게 알려주고 있어요. 쿠바의 한 의과대학은 의과대학 6년 동안 교육비, 책값, 식비, 의복비가 모두 무료이고 매달 장학금으로 100페소를 지급합니다. 스물다섯 살 이하이면 전 세계 누구나 응시할 수 있지만 가난한 농촌 출신이어야 하며 졸업 후 도시 대신에 농·산촌에서 일하겠다고 맹세해야 하지요. 졸업 후에는 전 세계 구호단체도 포기한 위험 지역이나 현지 의사들도 꺼리는 빈민가에서 일하지요.

쿠바에서 "좋은 의사"란 두 가지 전문성을 갖추고 있어야 해요. 하나는 의학이고, 다른 하나는 인간성입니다. 그 인간성을 배우기 위해 농촌에서 일하는 것이지요. 농촌은 지역공동체를 배울 수 있는 곳이니까요. 그들은 "사람의 생명이 돈보다 더 가치 있고 부드러움과 배려심만 있으면 생명은 구할 수 있다."고 말하죠. 다시 말해, 그 '어떤' 의사는 '인간성, 부드러움, 배려심'을 갖춘 사람이겠죠. 막연히 쉬운 길을 찾는 것보다 더 현실적인 선택은 바로 이런 것이 아닐까요?

이승배 샘

10

제 성적으로

이 꿈은

절대 꾸지도 못하겠지요?

우리 모두는 꿈과 비전이 있어요. 그리고 그 꿈과 비전을 이루기 위해 노력하죠. 하지만 그 꿈과 비전이 언제 만들어지는지는 사람마다 다 틀려요. 자, 다음 글에 대해 답을 해볼까요?

1. 나에게는 꼭 이루고자 하는 꿈이 있다.
   (그렇다, 아니다, 모르겠다)

2. 나는 그 꿈과 관련하여 계획을 세우고 공부하고 있다.
   (그렇다, 아니다, 모르겠다)

3. 나는 '왜?'라고 자주 질문하며 메모하는 습관이 있다.
   (그렇다, 아니다, 모르겠다)

4. '나는 할 수 있다'는 자기 최면의 주문을 매일 외운다.
   (그렇다, 아니다, 모르겠다)

5. 그날그날 하루를 반성하고 명상하는 시간을 가진다.
   (그렇다, 아니다, 모르겠다)

6. 무엇을 실천하고 실천하지 않았는지 그날그날 꼭 확인한다.
   (그렇다, 아니다, 모르겠다)

7. 내 꿈을 이루기 위해서 건강을 항상 챙긴다.
   (그렇다, 아니다, 모르겠다)

위의 질문에 대해서 모두 '그렇다'라고 대답한 사람이 있다면, 그야말로 자기 관리를 참 잘하는 사람일 거예요. 그 어떤 위인도 여러분 나이 때부터 위의 것들을 실천하지 못했으니까요. 우리는 나이가 들고 철이 들면서 무엇을 하며 살 것인지 고민하고 꿈과 비전을 세우면서 자기 생활을 관리하게 됩니다. 공부 역시 마찬가지에요. 왜 공부해야 하는지, 공부에 대한 의욕 역시 꿈과 비전을 세우면서 더욱 강해지지요. 내 꿈이 공부와 맞닿아 있다면 공부에 대한 관심과 의욕도 더 강해지게 될 거예요.

하지만, 누구나 꿈을 일찍 찾는 것은 아니에요. 뒤늦게 꿈이 생기고 진로에 대해 고민하는 경우도 매우 많습니다. 공부에 대한 마음 역시 뒤늦게 생기기도 하지요. 물론 학교생활을 하면서 여러분이 공부를 하겠지만, '내가 정말 열심히 공부해야겠다, 공부하고 싶다'는 마음까지 생기는 데는 어떤 동기가 필요하거든요. 꿈이 그 역할을 하는데, 그 꿈이 늦게 발견된다면 공부에 대한 의욕도 그만큼 늦게 지펴질 수도 있지요. 당연히 여러분에게 어떤 꿈이 생겼는데, 그 꿈을 이루기에는 현재 성적이나 공부가 너무 부족한 상태일 수도 있는 거고요.

성적이 낮거나 공부가 너무 어렵다고 해도, 선생님은 그 성적으로 여러분의 꿈을 한정짓지는 말았으면 해요. 여러분의 꿈은 매우 긴 여정이 될 것입니다. 당장의 입시, 혹은 한시적인 시기가 꿈을 이룰 수 있는 최종 기회는 아닙니다. 꿈에 대한 끈기만 잃지 않는다면, 기회는 언제든 찾아오고 만들어낼 수도 있거든요. 지금 성적이 낮다 해도 차분히 계획하고 실천하면 얼마든지 성적을 올릴 수 있어요. 물론 당장 성적이 눈에 띄게 올라오지는 않겠지만, 계획과 노력만 멈추지 않는다면 원하는 목표를 이룰 수 있을 거예요.

어쩌면 성적은 여러분이 직접 극복해내기에 가장 선명한 장애물일 수 있습니다. 결과가 직접 나타나니까요. 불안, 주변의 기대, 아직 찾지 못한 꿈 같이 선명하지 않으면서도 불쑥불쑥 마음을 흔들어 놓는 장애물보다는 훨씬 나을 수도 있습니다. 문제는 공부에 대한 자신감을 갖는 것이지요. 이것 역시 전보다는 더욱 나을 것입니다. 왜냐하면, 전에는 꿈에 대한 열망과 의욕이 부족했지만, 지금은 매우 강한 상태일 거니까요. 그 꿈이 공부 의욕을 만들어내고, 또 실천하게 할 것입니다.

그렇다면, 공부에 대한 자신감을 갖고 열심히 공부해서 성적을 올리려면 어떻게 해야 할까요? 성적 관리를 잘하지 않고, 공부에 취미가 없던 친구라면 책상 앞에 오래 앉는 것부터가 일종의 도전(?)처럼 느껴질지도 모릅니다. 그것 역시 자주 해보지 않은 것에 대한 낯설음일 뿐입니다. 똑똑한 머리를 타고 나서 공부를 잘하는 친구도 있겠지만, 좋은 성적을 거두는 데는 자기 제어능력과 집중하는 자세가 더 중요하거든요.

다시 말해, 공부를 잘하기 위해서는 집중력이 필요합니다. 평소 산만하던 친구라면 아예 환경 자체를 공부에 집중할 수 있는 분위기로 만드는 적극성을 띄어야 할 것입니다. 유난을 떠는 것 같고, 이런다고 뭐가 달라질까 하는 마음이 드나요? 그럴 때는 나의 꿈을 생각해보세요. 생각만 해도 가슴이 뛰는 그 꿈을 멋지게 이루며 살고 있는 자신을 생각해보세요. 자, 그것을 위해 지금의 실천은 매우 간단한 노력일 뿐입니다. 망설이지 마세요.

미국의 사상가이자 시인인 에머슨(Ralph Waldo Emerson, 1803~1882)은 다음과 같은 유명한 말을 남겼습니다.

"생각은 높게, 생활은 단순하게!(High thinking, simple life!)"

공부방 환경은 간단하게 할수록 좋습니다. 산만하고, 공부에 몰입이 잘 안 되는 타입이라면 컴퓨터, 거울, 간식, 연예인 사진 등의 시선을 빼앗을 수 있는 물건을 아예 치우는 것도 좋습니다. 물론 이 모든 것들이 있어도 끄떡없는 사람도 있을 거예요. 하지만 여러분 대부분은 컴퓨터 속 인터넷 기사에 관심이 가고, 새로운 정보를 검색하거나, 거울을 수시로 보는 행동을 습관처럼 해왔습니다. 습관을 고치기가 얼마나 어려운지는 다들 알고 있지요? 꿈을 이루기 위해 지금 성적을 올리겠다고 마음먹었다면, 그것을 방해하는 것부터 하나하나 해결해 나가는 게 좋겠지요. 휴대폰도 없애면 도움이 되겠지만, 어쩔 수 없이 있어야 해도 휴대폰의 오락 기능은 건드리지 않아야 할 테고요. 메모 기능과 다이어리 기능으로 활용해도 되겠지요. 공부에 집중하되 잊어서는 안 되는 중요한 사실 정도를 메모하는 것으로 생활을 간소하게 만듭니다.

학습 분위기를 다졌다면, 이제 계획을 가지고 공부에 들어가는 것이 좋습니다. 물론 아무 계획 없이 무작정 책을 보고 공부하는 것도 좋겠지만, 공부 계획이 있다면 훨씬 효율적으로 성과를 이룰 수 있습니다. 공부 자체를 즐기는 것이 가장 좋은 것이겠지만, 여러분은 꿈을 이루기 위해 뒤늦게 공부에 몰입하는 것이니만큼 성적이 얼른 오르는 것도 현실적으로 중요할 테니까요. 공부 계획은 전체적인 계획도 있겠지만, 과목별 계획도 차분히 세워야 합니다. 개인마다 좋아하는 과목, 잘하는 과목, 취약한 과목이 다를 것입니다. 처음 공부 계획을 세우는 거라 잘 모르겠다면, 선생님이나 친구, 혹은 공부와 관련된 책의 도움을 받을 수도 있습니다. 하지만 자신의 공부 방식을 잘 파악하는 것은 자기 자신일 테니 스스로 고민해 계획을 세우는 것이 필요합니다.

그 다음에는 꾸준한 실천이겠지요. 예컨대 수학 문제집을 하루에 열 쪽씩 풀겠다고 스스로 약속했다면, 그 약속을 지켜 나가는 끈기가 필요합니다. 물론 공부가 쉽지 않고, 지루하고, 하기 싫은 마음에 다른 유혹이 생길 수도 있겠지요. 이것을 꿈을 향한 자신의 마음을 단련시키는 과정이라고 생각해보면 어떨까요? 내 꿈이 정말 절실하다면, 쉽지 않은 공부도 열심히 해나가고픈 마음은 당연히 있을 테니까요. 이것은 지금을 즐기는 문제와는 차원이 다릅니다. 무엇을 하고 싶은지, 어떻게 살고 싶은지에 대한 고민 없이 미래를 담보로 현재를 희생하는 것이 아닙니다. 여러분은 자신의 꿈에 대해 고민을 충분히 했고, 지금 그 꿈을 위한 과정인 것이지요. 그리고 과정은 그 과정 자체로 여러분에게 보람과 경험을, 더 나아가 즐거움을 선사합니다. 실제로 끈기 있게 공부를 해나가면, 공부에 탄력이 붙고, 그 과정에서 공부에 자신감을 얻는 자신을 발견하게 될 것입니다. 공부는 몇몇 똑똑한 학생들만이 즐길 수 있는 것이 아니라, 공부에 대한 열린 자세만 있다면 누구나 즐길 수 있는 것이니까요.

혹 성적이 빨리 오르지 않는다고 조바심을 낼 필요는 없습니다. 속도의 차이는 있지만, 꾸준히 한다면 성적은 조금씩 올라올 것입니다. 어쩌면 더디 올라온 만큼 기억 속에 더 체계적으로 남아 당장의 시험만이 아닌, 나중에도 좋은 효과를 발휘할지 모릅니다. 다시 말해, 결과는 어떻게 될지 아무도 모른다는 이야기입니다. 다만 공부한 노력만큼은 여러분을 속이지 않고 든든한 지원군이 되어 줄 것입니다. 성적도 성적이지만, 공부로 자신에 대한 믿음도 더 견고해질 수 있지요. 그러니 조바심 내지 말고 공부에 몰입해봅시다.

지금 성적이 낮더라도 그것은 꿈을 향한 족쇄가 될 수 없습니다. 그저 꿈을 향한 긴 계단의 한 칸 정도일 것입니다. 그리고 그 계단을 한 걸음 올라서기 위한 준비와 실행만 있으면 됩니다. 아무리 높은 계단이라 해도 노력한다면 우리가 올라서지 못할 일은 없습니다. 어쩌면 여러분을 고민에 빠트리고 주저하게 만드는 건 따로 있을지 모릅니다. 바로 '나는 그 계단을 오를 수 없을 거야.'라는 지레짐작이 아닐까요? 그전에 계단에 관심도 없었고, '계단을 오르는 건 익숙하지 않으니 잘 못할 거야'라는 부정적인 생각. 그 생각이 여러분의 실천을 막고 있는 것인지도 모릅니다. 꿈을 갖는 건 아주 멋진 일입니다. 여러분의 멋진 꿈을 겨우 계단 한 칸 때문에 주저하게 되는 일은 없어야 하지 않을까요?

이수석 샘